Helga Fell

22 Mustervorlagen für Elternbriefe

Eltern zur Schulvorbereitung informieren
Die Bildungsarbeit der Kita präsentieren

Gerne nehmen wir Ihre Anregungen, Wünsche, Kritik oder Fragen entgegen:
Don Bosco Medien GmbH, Sieboldstraße 11, 81669 München
Servicetelefon: (089) 48008-341

Bitte beachten Sie:
Alle in diesem Buch enthaltenen Elternbriefe sind als Kopiervorlagen angelegt und dürfen zur Elterninformation an die Eltern von Kindergartenkindern in fotokopierter oder ausgedruckter Form weitergegeben werden, z. B. an Elternabenden oder in der Elterninfopost.
Jede andere Verbreitung der Texte, z. B. in digitaler Form, bedeutet ein Verstoß gegen geltendes Recht. Das Copyright für dieses Werk einschließlich seiner Teile liegt beim Don Bosco Verlag.

ACHTUNG! Eine Veröffentlichung der Elternbriefe oder von Teilen daraus im Internet, z.B. auf der Homepage des Kindergartens, oder eine Verwendung innerhalb eines E-Mail-Newsletters ist nicht gestattet.

Bibliografische Information der Deutschen Nationalbibliothek

Die Deutsche Nationalbibliothek verzeichnet diese Publikation in der Deutschen Nationalbibliografie; detaillierte bibliografische Daten sind im Internet über http://dnb.d-nb.de abrufbar.

---

1. Auflage 2012 / ISBN 978-3-7698-1917-5
© 2012 Don Bosco Medien GmbH, München
www.donbosco-medien.de
Umschlag: Manfred Lehner, BlueCat Design
Satz: Don Bosco Kommunikation GmbH, München
Druck: GrafikMedia Produktionsmanagement – Köln

Printed in the European Union

Inhalt

7 Vorwort

9 „Liebe Pädagogen" – Briefe an uns selbst
11 Eltern als Lernende wahrnehmen
13 Unsere Doppelrolle als Pädagogen
15 Mit Eltern zusammenarbeiten

17 „Liebe Eltern" – Briefe zu pädagogischen Themen und zur Schulvorbereitung
19 Schulfähigkeit – Was bedeutet das?
21 Selbstständig werden
23 Soziale Kompetenz
25 „Gemeinsam" statt „einsam"
27 Spielen – die „Arbeitswelt" des Kindes
29 Bewegung bringt's …
31 Stift, Schere, Kleber…
33 Gesundheitserziehung
35 „Bitte", „Danke" und „Auf Wiedersehen"
37 Fragen brauchen Antworten
39 „Wiese, Wald und Feld" – Unsere Umwelt lieben und schützen
41 Natur und Technik entdecken
43 Mathematik im Vorschulalter – Das Entdecken von Zählen, Zahlen und Mengen
45 Geometrische Grunderfahrungen
47 Phonologische Bewusstheit
49 „Mein Kind mag schon schreiben …"
51 Auf dem Weg zum Lesen lernen
53 Kleine Künstler
55 Musik in den Ohren
57 „Computer, Fernseher und Co …"
59 „Mein Kind macht vieles mit links…"
61 Übergänge bewältigen

63 „Vielen Dank für die gute Zusammenarbeit" – Ein Schlusswort zum Schmunzeln

64 Literaturverzeichnis

(Dies ist ein Muster.
Hier ist Platz für Ihren Einrichtungsstempel)

(Textfeld für Ort, Datum)

Vorwort

Liebe Pädagogen,

unsere Aufgaben werden immer vielfältiger. Neben der anspruchsvollen Arbeit mit den Kindern ist auch die Zusammenarbeit mit den Eltern sehr bedeutsam, da uns dadurch erst eine echte Bildungs- und Erziehungspartnerschaft gelingen kann. Diese Mustervorlagen für pädagogische Elternbriefe wollen Ihnen die Arbeit etwas erleichtern und Sie dabei unterstützen, Eltern über Ihre Bildungsarbeit zu informieren und zu Themen der Schulvorbereitung kompetent zu beraten.

Damit Sie sehen, wie Sie mit diesen Briefen arbeiten können, ist bereits das Vorwort ein Beispiel, wie jeder Brief aufgebaut ist. Die jeweils identische Symbolik und der gleiche Aufbau zeigen den Eltern sofort: „Jetzt bekomme ich wieder einen wichtigen Infobrief zu einem Bildungs- oder Vorschulthema."

Das Wichtigste auf einen Blick
→ Hier werden die wichtigsten Kernaussagen des Textes kurz und prägnant präsentiert
→ Sie und die Eltern können sich einen schnellen Überblick verschaffen, um was es in dem Informationsbrief geht

© Don Bosco Medien GmbH, 2012

„Gut zu wissen"

Jeder Brief beinhaltet ein eigenes, für sich abgeschlossenes Thema zur Bildung, Erziehung oder speziell zur Schulvorbereitung. Sie können die Themen auswählen, die zu Ihrer Konzeption passen und die Sie als relevant für die Kooperation mit Eltern empfinden. Alle Themen sind für Eltern verständlich aufgearbeitet und durch praktische Anregungen für den Alltag ergänzt. Auf der Seite 2 gibt es immer etwas zum Schmunzeln, da humorvolle Botschaften oft besser hängen bleiben. Es soll nicht der „erhobene Zeigefinger" regieren.

Jeder Brief ist so gemacht, dass Sie ihn mit dem Stempel Ihrer Einrichtung versehen und kopieren können. Das graue Feld unter dem Text ist für Ihre Unterschrift vorgesehen. Durch die beiliegende CD-ROM haben Sie auch die Möglichkeit, den Brief Ihrem Bedarf anzupassen. Sie finden darauf alle Textvorlagen aus dem Buch zum Bearbeiten und können diese mit Ergänzungen oder Änderungen versehen und dann an die Eltern weitergeben.

Zum Schmunzeln ;-)

Der Direktor hat eine neue Sekretärin.
„Ihre Briefe werden von Tag zu Tag besser", lobt er sie. „Es dauert bestimmt nicht mehr lange, bis wir einen abschicken können."

Tipps für den Alltag

→ Die Briefe sind flexibel und in beliebiger Reihenfolge einsetzbar, da die Themen nicht aufeinander aufbauen
→ Einfach Briefkopf, Ort, Datum und Unterschrift ergänzen und fertig ist der Brief zum Kopieren
→ Die Briefe können in regelmäßigen Abständen, z.B. einmal im Quartal, an Eltern ausgehändigt werden
→ Bei einem Elternabend zu einer bestimmten Thematik können die Briefe als Einführung, als Diskussionsgrundlage oder zur Ergänzung am Ende eingesetzt werden
→ Die „Briefe an uns Pädagogen" dienen zum Reflektieren Ihrer Zusammenarbeit mit Eltern und zum Vertrautwerden mit der Form der Elternbriefe

Viel Erfolg mit den Elternbriefen wünscht Ihnen

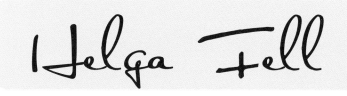

„Liebe Pädagogen"

Briefe an uns selbst

Eltern als Lernende wahrnehmen

Liebe Pädagogen,

„Eigentlich müsste man nicht die Kinder, sondern die Eltern erziehen!" Vielleicht haben Sie diese Äußerung an einem „Pädagogen-Stammtisch" schon einmal gehört. Und vielleicht kennen Sie ja auch Fälle, in denen diese Aussage sehr treffend wäre. In unserem Alltag begegnen wir immer wieder verunsicherten oder auch sehr fordernden Eltern, die mit ihren verschiedensten Anliegen zu uns kommen.

Das Wichtigste auf einen Blick
→ Veränderungen und Übergänge im Leben brauchen und beinhalten Lernprozesse
→ „Resilienz" als die Fähigkeit, sich an neue Situationen anpassen zu können, wird auch auf Elternseite benötigt – auch Eltern befinden sich in einem Lernprozess
→ Eltern sollten als Lernende wahrgenommen und auf ihrem Lernweg begleitet werden

„Gut zu wissen"

In unserem ganzen Leben gibt es ständig Veränderungen, auf die es sich einzustellen gilt. Der Begriff der **Resilienz**, also die Fähigkeit, sich immer wieder an neue Situationen anpassen zu können, kennen wir als wichtige Komponente im Hinblick auf den Übergang vom Kindergarten in die Grundschule. Wir bereiten die Kinder auf die kommenden Veränderungen vor und begleiten sie beim Erwerb dieser „Übergangsfähigkeiten".
Genauso wie die Kinder sind aber auch die Eltern **Veränderungsprozessen** durch den **Schuleintritt** unterworfen. Aus Freiwilligkeit wird ein Pflichtbesuch, aus „Selbstbestimmung" wird „Fremdbestimmung". Der ganze Tages-, Wochen- und Jahresrhythmus ändert sich und ist nicht mehr beeinflussbar. Familien haben also viel weniger Gestaltungsfreiheit und müssen sich neuen Herausforderungen, z. B. den Hausaufgaben, stellen. So kann

sich sogar die Rolle, die Elternteile in der Erziehung einnehmen, verändern, da sie vom Kind Pflichten einfordern müssen.

Auch auf viele **gesellschaftliche Veränderungen** müssen sich Eltern immer wieder neu einstellen. Die „Explosion" des Wissens und die Vielfalt der äußeren Einflüsse, die in unserer Mediengesellschaft auf uns alle tagtäglich einfließen, erfordern eine Anpassung im Bildungs- und Erziehungsauftrag. Eltern stehen oft vor der Frage: „Was ist in Bezug auf Bildung und Erziehung das richtige Maß für mein Kind? Wie viel Medienkonsum ist gut? Wie kann ich mein Kind fördern, damit es in dieser Gesellschaft bestehen kann? Wie viel Freiheit und Selbstbestimmung sind für mein Kind gut und wichtig?" Bei solchen Fragestellungen ist die Spanne zwischen „überfördernden" und „unterfördernden" Eltern genauso groß, wie uns „wohlbehütete" und „verwahrloste" Kinder in unseren Gruppen begegnen.

Aber eines ist bei allen Eltern gleich: Sie alle machen Veränderungen in ihrem Leben durch und alle **Veränderungsprozesse brauchen und beinhalten Lernprozesse.** Wir müssen also auch Eltern als Lernende wahrnehmen, die sich gerade auf einem Weg befinden, in immer wieder neue Situationen hineinwachsen zu müssen und sich darin zu bewähren. Dieses Bewusstsein, dass Eltern – wie wir alle – immer Lernende sind, erleichtert uns die Einsicht, dass es – wie bei allen Lernern – auch Umwege und Fehlwege gibt, die wir akzeptieren müssen.

Zum Schmunzeln ;-)

Der Lehrer weckt den faulen Mathias:
„He, aufwachen, wir haben Unterricht!"
Gibt Mathias zurück: „Ach, wissen Sie, das ist das Talent, das in mir schlummert ..."

Tipps für den Alltag

→ Eltern vorurteilsfrei und offen begegnen, ein offenes Ohr sie haben und ihre Anliegen ernst nehmen
→ Bei Bedarf Gesprächsmöglichkeiten bieten, Zeit für Eltern einplanen
→ Für Erfahrungsaustausch mit anderen „routinierten" Eltern sorgen, z. B. durch Einrichten einer Eltern-Ecke
→ Eltern als Lernende und als Lernwillige wahrnehmen und sie in den Dingen beraten, in denen wir uns kompetent fühlen
→ Weitere Beratungswege aufzeigen, wenn wir an unsere Grenzen stoßen

Unsere Doppelrolle als Pädagogen

Liebe Pädagogen,

„Ach, wenn es nur die Kinder wären ..." Ist Ihnen so eine Aussage auch schon einmal über die Lippen gekommen? Die Begleitung von Kindern in Bildung und Erziehung ist und bleibt natürlich unsere Hauptaufgabe. Doch wir können dabei die Familien der Kinder und insbesondere die Eltern nicht ausblenden, da sie die eigentliche Verantwortung für die Erziehung und Bildung ihres Kindes tragen. Somit ist es absolut notwendig, eng mit Eltern zusammenzuarbeiten und diese weitere wichtige Aufgabe als Pädagoge sehr ernst zu nehmen.

 Das Wichtigste auf einen Blick

→ Eltern und Pädagogen haben eine gemeinsame Erziehungs- und Bildungsverantwortung für die Kinder
→ Eltern sind die ersten Lehrer und Erzieher ihrer Kinder, auch wenn sie keine pädagogische Ausbildung haben
→ Pädagogen sollten ihre Aufgabe als Berater und Trainer für Eltern ernst nehmen
→ Voraussetzung für eine echte Erziehungs- und Bildungspartnerschaft ist gegenseitige Wertschätzung und vertrauensvolle Kommunikation

 „Gut zu wissen"

Im ganzen **Bildungs- und Erziehungsprozess** geht man davon aus, dass die **Familie den Hauptanteil** dieser Aufgaben hat. Hinzu kommen die Institutionen der Kindertagesbetreuung und später die Schule. Aber auch andere gesellschaftliche Gruppierungen, z. B. Sport- und Musikvereine oder kirchliche Institutionen, haben Anteil am Bilden und Erziehen.
Es ist also ein ganzes **Makrosystem**, in dem sich das Kind bewegt und in dem es sich zu einem „Bürger" einer Gesellschaft entwickelt.

Auch Eltern sind ein Teil dieses gesellschaftlichen Systems und haben, wie wir Pädagogen, eine **Erziehungs- und Bildungsverantwortung** für das Kind. Dafür haben aber die meisten in der Regel keine Ausbildung. Sie sind in ihrem Eltern-Sein Lernende, die sich immer wieder neuen Herausforderungen stellen müssen. Dabei können sie Rat bei anderen Eltern oder Großeltern suchen, sie wenden sich aber auch häufig an uns Pädagogen. Und natürlich handeln sie auch nach eigenen Erfahrungen, die sie in ihrer Kinder- und Jugendzeit machen durften. Das kann unter ganz verschiedenen Gesichtspunkten geschehen, von: „Das will ich meinen Kindern später mal nicht zumuten!" bis „Das hat uns früher auch nicht geschadet!" Wir haben es in der Gesellschaft also mit einem sehr breiten Spektrum an Haltungen und Einstellungen in Bezug auf die Erziehungs- und Bildungsarbeit zu tun.

Daraus ergibt sich eine weitere sehr wichtige Aufgabe der Pädagogen. Wir sollten nicht nur **Erzieher und Lehrer der Kinder** sein, sondern auch als **„Trainer" und „Begleiter" für Eltern** da sein. Viele Eltern haben Fragen, sei es, um ihr eigenes Handeln abzusichern, sei es, weil sie in manchen Bereichen einfach nicht weiter wissen. Es ist gut, wenn Eltern Vertrauen zu uns Pädagogen haben und uns um Rat fragen. Um dieses Vertrauen zu bekommen, müssen wir Ihnen offen begegnen und das Gefühl vermitteln, dass wir ihre Anliegen ernst nehmen und ihnen auch beratend zur Seite stehen möchten. Erst durch eine **vertrauensvolle Kommunikation** kann zwischen Kindertagesstätte oder Schule und Elternhaus eine **echte Erziehungs- und Bildungspartnerschaft** entstehen. Partner können nur Partner sein, wenn sie sich **gegenseitig wertschätzen** und **miteinander reden**.

> Zum Schmunzeln ;-)
>
> Eine echter Franke spricht „Pädagoge" folgendermaßen: „Bedagoge". Und das ist ein wunderbares Wortspiel, welches unsere Rolle als Pädagogen sehr gut beschreibt. Die Vorsilbe „be" bedeutet im Ursprung: „nahe, bei". In diesem Sinne würde ich Ihnen und mir wünschen: Be-wegen wir uns auf die Eltern zu, be-gleiten und be-raten wir sie, werden wir zu echten „Be"-dagogen.

Tipps für den Alltag

→ In Teambesprechungen Erfahrungen über die Zusammenarbeit mit Eltern austauschen
→ Fortbildungen zu Themen der Kommunikation und Kooperation mit Eltern einplanen
→ Sich auch der Rolle des Beraters für Eltern bewusst sein und sie verantwortungsvoll annehmen
→ Eltern offen, tolerant und wertschätzend begegnen
→ Kollegiale Beratung im Team annehmen

Mit Eltern zusammenarbeiten

Liebe Pädagogen,

„Wir müssen alle an einem Strang ziehen!" Das ist eine beliebte Aussage, wenn es um die Kooperation zwischen Kita, Schule und Elternhaus geht. Wenn man sich das mal bildlich vorstellt, steht da ein einzelnes Kind auf einer Seite des Seils und auf der anderen Seite ziehen Eltern, Erzieher und Lehrer in ihre Richtung. Dabei sollte man schon aufpassen, dass man das Kind in dieser eher „passiven" Rolle nicht aus dem Gleichgewicht bringt.

Das Wichtigste auf einen Blick
- Anliegen und Verhaltensweisen der Eltern vorurteilsfrei begegnen
- Sich in die jeweilige Situation der Eltern hineinversetzen und ihr Verhalten tolerieren und akzeptieren
- Eltern jederzeit gut und verständlich informieren und auf vertrauensvollen Austausch achten
- Elternmitarbeit zulassen und kreative Einsatzmöglichkeiten finden

„Gut zu wissen"

Jede Kooperation kann nur gut funktionieren, wenn man dem anderen Partner **Wertschätzung** entgegenbringt und ihm auf Augenhöhe begegnet. So ist es auch in der Zusammenarbeit mit den Eltern. Wir müssen ihre Ansichten und Verhaltensweisen **akzeptieren** und tolerieren, damit es zu einer echten Zusammenarbeit kommen kann. Das fällt sicher nicht immer leicht.

Zunächst sollten wir versuchen, uns **in die Situation** der Eltern **hineinzuversetzen**. Sie wollen in der Regel das Beste für ihr Kind. Wenn wir uns ab und zu die Frage stellen: „Wie würde ich mich als Elternteil dieses Kindes verhalten, wenn ich in dieser Situation wäre?" gehen wir schon einen Schritt in Richtung **„Eltern verstehen"**.

Wichtig ist es auch, Eltern gut über Aktivitäten in der Gruppe allgemein und im Einzelspräch auch über die Beobachtungen zum jeweiligen Kind zu **informieren**. Wir sollten Offenheit und Transparenz zeigen, indem wir klare und gut verständliche Informationen bieten und unsere Arbeit mit „Sinn und Zweck" präsentieren. Durch **aktives Zuhören** bei Tür- und Angelgesprächen zeigen wir Interesse am Familienleben und legen damit die Basis für einen vertrauensvollen Austausch in beide Richtungen.

Es gibt Eltern, die gern ihre Mithilfe anbieten. Diese Angebote sollten wir aufnehmen und **Eltern mitarbeiten lassen**. Dabei sollten wir Denkweisen ablegen, wie „Die wollen uns nur kontrollieren oder uns etwas aufdrängen." Hier gilt es kreative Mitarbeitsmöglichkeiten zu finden und die Eltern nach ihrem Können geschickt einzusetzen, um wirklich von der Mitarbeit zu **profitieren**.

Zum Schmunzeln ;-)

„Ich möchte Ihre Chefin sprechen."
„Geht leider nicht, sie ist nicht da!"
„Ich habe sie doch durchs Fenster gesehen!"
„Sie Sie auch."

Tipps für den Alltag

→ Eltern immer gut informieren (dazu dienen auch die Elternbriefe in diesem Heft) und für vertrauensvollen Austausch sorgen

→ In Aushängen nach Elternmitarbeit fragen, z. B. „Wer könnte uns beim Anlegen eines Gemüsebeetes behilflich sein?", „Wer möchte uns in die Bücherei begleiten?" oder „Wir wollen italienische Pizza backen. Wer kann uns dabei unterstützen?"

→ An Elternabenden oder im Einzelgespräch konkret nach Talenten und Fähigkeiten der Eltern fragen und eine Liste anlegen

„Liebe Eltern"

Briefe zu pädagogischen Themen und zur Schulvorbereitung

© Don Bosco Medien GmbH, 2012

Schulfähigkeit – Was bedeutet das?

Liebe Eltern,

sicher stellen Sie sich manchmal die Frage: „Was muss mein Kind denn eigentlich alles können, bevor es in die Schule kommt?" Eigentlich müsste darauf die Antwort lauten: „Alles das, was es bisher schon für das alltägliche Leben gelernt hat." Natürlich gibt es einige „schulspezifische Fähigkeiten", die vor allem für die schulischen Lernprozesse bedeutsam sind, doch die meisten Fähigkeiten, die in der Schule gebraucht werden, sind genauso notwendig für die Lebens- und Alltagstauglichkeit eines Kindes in der Gesellschaft.

Das Wichtigste auf einen Blick

- Schulfähigkeit ist ein Prozess, in dem sich das Kind befindet, keine abhakbare Liste
- Individuelle und äußere Faktoren beeinflussen die Schulfähigkeit
- Schulfähigkeit ist mit Lebens- und Alltagstauglichkeit gleichzusetzen
- Ganzheitliche Förderung geschieht am besten in Alltagssituationen
- Eine positive Grundeinstellung zur Schule und zum Lernen erleichtert den Übergang

„Gut zu wissen"

Schulfähigkeit ist ein **Prozess**, in dem sich jedes Kind auf dem Weg zur Schule befindet. Jedes Kind hat seine eigene Persönlichkeit und wächst unter anderen Bedingungen auf, so dass man eigentlich jeweils ein eigenes Schulfähigkeitsprofil entwickeln müsste. Neben diesen individuellen Voraussetzungen kommen noch weitere Faktoren der Umwelt hinzu, z.B. ob das Kind in eine kleine Dorfschule, vielleicht sogar mit Jahrgangsmischung, oder in eine große Stadtschule mit vielen Klassen kommt. Deshalb kann man eigentlich keine allgemeingültige, abhakbare Liste mit Schulfähigkeitskriterien liefern. Es lassen sich aber einige Aspekte beschreiben, die für den Schuleintritt hilfreich sind. Auch wenn wir bei der Förderung dieser Fähigkeiten immer das Kind in seiner ganzen Persönlichkeit wahrnehmen, (symbolhaft gesprochen mit Kopf, Herz, Hand und Mund), soll eine Einteilung in diese vier Bereiche den Überblick erleichtern.

Zum Schmunzeln ;-)
Opa: „Na, wie gefällt es dir in der Schule?" Mischa: „Eigentlich recht gut, aber irgendwie schade, dass unser Lehrer wenig weiß. Andauernd stellt er Fragen!"

- **Kognitive Fähigkeiten** *(„Kopf" ☺)* bezeichnen alle Denkleistungen, die im Gehirn ablaufen. Dazu gehören die Wahrnehmung (über unsere Sinne), die Denkfähigkeit, die Sprache, das Begreifen mathematischer Zusammenhänge und alle Bereiche, die Gedächtnisleistungen erfordern.
- **Emotionale Fähigkeiten** *(„Herz" ♥)* haben alle mit der Gefühlswelt des Kindes zu tun. Selbstvertrauen, Angstfreiheit, Zuversicht, Ausdauer und Konzentration, Leistungsmotivation, Frustrationstoleranz und das Warten auf Bestätigung sind wichtige emotionale Fähigkeiten des Kindes.
- **Physisch-motorische Fähigkeiten** *(„Hand" ✋)* beziehen sich auf die körperliche Gesundheit und den gesamten Bewegungsapparat des Kindes, insbesondere dessen Grob- und Feinmotorik, und beinhalten damit auch dessen Selbstständigkeit in Alltagssituationen, z. B. beim Anziehen.
- **Sozial-kommunikative Fähigkeiten** *(„Mund" 👄)* helfen, sich in der Gruppe zurecht zu finden und zu bewähren. Sie beinhalten die Anerkennung von Regeln mit den dazugehörigen Umgangsformen, den Respekt vor dem anderen und die Fähigkeit, seine eigene Meinung zu vertreten ohne andere zu verletzen.

Sicher sind manche dieser Punkte bei Ihrem Kind schon gut ausgeprägt, bei anderen befindet es sich noch in den Startlöchern. Insgesamt ist es wichtig, dass Sie mit Ihrem Kind eine positive Einstellung zur Schule und zum Lernen aufbauen. Lernen ist etwas, was Spannung und Freude bringen kann, es hilft uns, die Welt zu entdecken.

Tipps für den Alltag

→ Viele Alltagssituationen (z. B. Tisch decken, Socken sortieren, einkaufen, kochen, Spülmaschine ausräumen ...) beinhalten zahlreiche Fördermöglichkeiten, auch wenn man diese gar nicht bewusst wahrnimmt! Beziehen Sie Ihr Kind in die vielfältigen Tätigkeiten im Haushalt spielerisch mit ein.

→ Bringen Sie Geduld auf, das Kind „helfen zu lassen" und schenken Sie ihm Vertrauen, etwas „alleine zu machen", auch wenn es mehr Zeit kostet!

→ Nehmen Sie Ihre Vorbildfunktion in Bezug auf Sprache und Umgangsformen ernst.

→ Sprechen Sie mit Ihrem Kind positiv über die Schule und vermeiden Sie negativ besetzte Aussagen wie: „Warte nur, bis du in die Schule kommst!"

Selbstständig werden

Liebe Eltern,

„Alleine" mag ein einjähriges Kind schon den Löffel halten, „kann ich alleine" beteuert ein dreijähriges Kind beim Einschenken von Saft in einen Becher. Kinder wollen vieles schon „alleine" machen, was wir Erwachsenen ihnen manchmal noch gar nicht zutrauen. Als ein Elternpaar einmal von einer Veranstaltung nach Hause kommt, sieht es die 20-monatige Tochter neben dem Couch-Tisch stehen und aus einem Glas Wasser trinken. Erstaunt blicken Sie zum Babysitter, warum dieser nicht behilflich ist. Der rechtfertigt sich: „Ich dachte, sie kann das schon alleine!" Und sie konnte es auch, bisher hatten die Eltern sie das nur nie ausprobieren lassen.

Das Wichtigste auf einen Blick
→ Selbstständigkeit kann im Familienalltag von klein auf angebahnt werden
→ Man braucht Vertrauen, Geduld und Zeit und muss Kinder auch etwas ausprobieren lassen
→ Begleitung und Anleitung ist vor allem in Situationen notwendig, in den es zu gesundheitlichen Schäden kommen könnte
→ Fehler sind Helfer bei jedem Lernprozess

„Gut zu wissen"

Grundschullehrkräfte klagen in der Schule manchmal, dass einige Kinder es nicht gewohnt sind, etwas selbstständig zu machen. Manche haben beim Umziehen vor dem Sportunterricht Probleme, andere wissen nicht, wo ihr Arbeitsmaterial im Schulranzen steckt, wieder andere vergessen das Aufräumen.
Selbstständig sein ist etwas, was im Familienalltag **von klein auf angebahnt** und trainiert werden kann. Das bedeutet aber, dass wir Erwachsenen viel **Geduld und Vertrauen**

in unsere Kinder brauchen, dass sie bestimmte Sachen schon selbst bewältigen können. Es kostet Zeit und Kraft, wenn Kinder sich alleine anziehen und man möchte am liebsten immer gleich eingreifen, doch damit nimmt man dem Kind wichtige Lernprozesse ab.

Natürlich gibt es viele Situationen, in denen das Kind **Unterstützung und Begleitung** durch Erwachsene braucht, z. B. bei der **Körperpflege**. Es wäre nicht sinnvoll, das Zähneputzen schon dem Kleinkind zu überlassen. Denn manche Bewegungsabläufe müssen erst unter **Anleitung** gründlich geübt werden, bevor sie ein Kind alleine durchführen kann. Würde man das Kind hier zu früh „loslassen", könnte es zu gesundheitlichen Schäden kommen.

Zum Schmunzeln ;-)

Ein Känguru hüpft durch den Wald. Immer wieder muss es sich am Bauch kratzen. Plötzlich hat es genug. Es zieht sein Baby am Schlafittchen aus dem Beutel und sagt. Wie oft soll ich dir noch sagen, du sollst in deinem Zimmer keinen Zwieback essen!"

Doch es gibt auch viele Bereiche, in denen man das Kind etwas ausprobieren lassen kann und in denen man es auf **„Versuch und Irrtum"** ankommen lassen kann, z. B. beim Anziehen oder beim Zubereiten von Essen. Hier kann man Kinder sogar dazu ermutigen, einmal selbst das Müsli aus dem Schrank zu holen und in die Schüssel zu füllen. Es muss nicht immer alles im „Hotel Mama" serviert bekommen. Es mag zwar ab und zu auch mal etwas schief gehen, aber **„Fehler"** sind auch **wichtige Helfer** beim Lernen.

Insgesamt ist es wichtig, dass Sie Ihrem Kind auch im Alltag etwas zutrauen und es „mithelfen" lassen, auch wenn alles durch die Hilfe etwas länger dauert. Nur mit dieser Geduld kann es seine Selbstständigkeit weiter entwickeln.

Tipps für den Alltag

→ Trauen Sie Ihrem Kind etwas zu, z. B. das Schneiden von Obst, das Streichen eines Brotes, das Einfüllen von Getränken …

→ Lassen Sie Ihr Kind mit zunehmendem Alter sich selbstständig aus- und anziehen. Fangen Sie beim „Anziehen üben" mit einfachen Kleidungsstücken, z. B. mit einem Schlafanzug an.

→ Üben Sie mit Ihrem Kind das Abputzen und Händewaschen nach dem Toilettengang. In der Schule ist es damit auf sich alleine gestellt.

→ Geben Sie Ihrem Kind auch ab und zu „verantwortungsvolle" Aufgaben im Familienalltag, z. B. die Post aus dem Briefkasten holen, Besteck aus der Spülmaschine richtig einsortieren, eine CD in die Stereoanlage einlegen.

Soziale Kompetenz

Liebe Eltern,

kennen Sie das Sprichwort: „Jeder denkt an sich, nur ich denk an mich?" Dann fallen Ihnen auch bestimmt Leute ein, die sich an diesen Satz halten, z. B. bei der Parkplatzsuche und ähnlichem. Kinder wachsen mit uns gemeinsam in einer Gesellschaft auf, in der wir immer wieder auf Situationen treffen, die von uns verlangen, sich auch einmal in einen anderen Menschen hineindenken zu können. Und hier ist unser Vorbild gefragt, denn Kinder lernen bezüglich der Umgangsformen miteinander sehr viel an unserem Modell, welches wir ihnen vorleben.

Das Wichtigste auf einen Blick
- → Soziale Kompetenz bedeutet, sein eigenes Handeln auf die Werte und Normen einer Gruppe abzustimmen
- → „Ich-Botschaften" drücken das eigene Gefühl über das Verhalten aus und verletzen nicht die Persönlichkeit eines Mitmenschen
- → Kinder lernen soziales Verhalten vor allem an unserem Vorbild

„Gut zu wissen"

„**Soziale Kompetenz**" kann man als die Fähigkeit beschreiben, sein **eigenes Handeln so zu gestalten**, dass es mit den **Werten und Regeln der Gruppe verträglich** ist. Die Regeln, die für das Zusammenleben einer Gruppe aufgestellt wurden, müssen akzeptiert und eingehalten werden. Es ist wichtig, dass man seinen Gruppenpartnern mit **Respekt** begegnet und sie **wertschätzt**.

Die Familie ist die erste Gruppe des Kindes, in der es die Wirkung seines Sozialverhaltens üben und ausprobieren kann. So entstehen immer wieder Situationen, in denen auch Grenzen überschritten werden und in denen wir als Eltern diese immer wieder konsequent ziehen müssen, was manchmal zu Konflikten führen kann. Hier ist es wichtig, dass auch Erwachsene dem Kind respektvoll begegnen und es nicht mit Äußerungen wie: „Du bist doch ein …!" verletzen. Wenn wir unseren berechtigten Ärger ausdrücken wollen, eignen sich vor allem sogenannte **Ich-Botschaften**: „Ich bin traurig, dass du …", „Ich ärgere mich darüber, dass …". Hiermit wird das gerade unangemessene Verhalten des Kindes in den Mittelpunkt gerückt und nicht die Persönlichkeit des Kindes im Allgemeinen angegriffen. Es ist wichtig, dass das Urvertrauen des Kindes, von seinen Eltern geliebt zu sein, nicht verletzt wird. Denn nur wer selbst diese Liebe und Zuneigung empfindet, kann sie auch an andere weitergeben.

In der Kindergartengruppe und in der Schulklasse sind Kinder nicht nur mit Erwachsenen zusammen, sondern müssen innerhalb einer Gruppe von Gleichaltrigen ihre Position finden. Neben dem Regelverhalten sind hierbei noch weitere soziale Fähigkeiten von Bedeutung: Eigene Gefühle und Meinungen äußern ohne andere zu verletzen, anderen zuhören, abwarten und Rücksicht nehmen können, anderen Erfolge gönnen, angemessen auf Frustrationen reagieren, tolerant, ehrlich und gerecht sein.

Diese vielen wichtigen Fähigkeiten für das Zusammenleben in einer Gruppe lernen Kinder vor allem am Modell, also am Umgang der Erwachsenen mit den alltäglichen Situationen, die in einem Miteinander entstehen. Machen wir uns deshalb wirklich **unseren Vorbildcharakter bewusst**. Kinder kopieren unser Verhalten.

> Zum Schmunzeln ;-)
>
> Amelie und ihre Eltern sind zum ersten Mal bei der Familie einer Arbeitskollegin eingeladen. Als die Kinder sich nach dem Abendessen zum Spielen in die obere Etage begeben, kommt Amelie die Treppe sofort wieder herunter, bleibt in der Mitte stehen, nimmt die Hände in die Hüften und ruft: „Die haben vielleicht einen Saustall da oben!"

Tipps für den Alltag

→ Besprechen Sie mit Ihrem Kind die Regeln für das Zusammenleben in Ihrer Familie.
→ Bei Konfliktsituationen eignen sich „Ich-Botschaften" um Ihren Ärger über das Fehlverhalten auszudrücken.
→ Bringen Sie Ihrem Kind immer Respekt und Wertschätzung als Person entgegen.
→ Denken Sie auch in alltäglichen Situationen an Ihren Vorbildcharakter.
→ Motivieren Sie Ihr Kind, selbst Kompromisslösungen zu suchen, falls es beim Spielen mit Freunden zu Streit kommt.

Gemeinsam statt einsam

Liebe Eltern,

wie schön ist es, gemeinsam ein Fest zu feiern. Das empfinden nicht nur unsere Kinder bei den Feierlichkeiten in der Kita oder zu Hause so, auch wir Erwachsene freuen uns über gemeinsame Unternehmungen in der Familie, mit Freunden oder in Vereinen. Genauso schön ist es auch, sich über etwas zu freuen, was man gemeinsam geleistet hat. „Schaut mal, was wir im Sand für eine tolle Burg gebaut haben!", teilen uns die Kinder voller Freude mit. Und wenn das neue Sportheim eingeweiht wird, welches mit vielen fleißigen Händen der Sportvereinsmitglieder erstellt wurde, ist die Begeisterung der Helfer nicht minder groß.

Das Wichtigste auf einen Blick
→ Gemeinsame Aktionen gelingen nur durch Mithilfe eines jeden Einzelnen
→ Je mehr Personen sich beteiligen, desto geringer ist die Belastung Einzelner
→ Jede noch so kleine Mithilfe ist ein Beitrag für die Gemeinschaft und gibt Kindern ein gutes Vorbild
→ Gemeinsame Freude und Anerkennung für das Geleistete geben uns Zufriedenheit und sind wertvoll für unser soziales Zusammenleben in der Gesellschaft

„Gut zu wissen"

Um **gemeinsam** etwas auf die Beine zu stellen, braucht es die **Mithilfe eines jeden Einzelnen** von uns. Und **je mehr Personen** an der Hilfe beteiligt sind, **desto geringer ist die Last** für den Einzelnen.

Doch leider ziehen sich in unserer Gesellschaft immer mehr Leute aus **ehrenamtlichen Aktivitäten** zurück, sei es durch Überlastung in Beruf oder Familie und dem damit verbundenen Zeitmangel, sei es durch die Vielfalt der Freizeitaktivitäten oder sei es aus der Angst davor, Verantwortung zu übernehmen. Meistens spielt auch der Gedanke eine Rolle, dass man bei einem kleinen Signal der Hilfsbereitschaft ausgenutzt wird: „Wenn ich den kleinen Finger reiche, dann wird bald die ganze Hand gepackt!" Diese Denkweise ist sicher nicht unbegründet, da Leute, die sich in einem Bereich engagieren und mitarbeiten, häufig auch von anderen Gruppen angesprochen und um Mithilfe gebeten werden.

Und so sind es oft **immer dieselben**, die ihre Arbeit in den Dienst der Gemeinschaft stellen und sich ehrenamtlich engagieren. Diesem Personenkreis sind wir sehr dankbar, da unser Leben in der Gemeinschaft sonst gar nicht funktionieren würde. Wir möchten aber auch dafür Sorge tragen, dass niemand überlastet wird und sich die Belastung auf mehrere Schultern verteilt.

Zum Schmunzeln ;-)

Erklärte Fritzchen seinen Eltern: „Wir haben Lehrermangel, weil zu viele Kinder in die Schule gehen. Daher schlage ich vor, ich bleibe mal ein paar Wochen zu Hause, um die Lehrer zu entlasten!"

So bitten wir auch Sie um **Ihre Mithilfe** für unsere Kindertageseinrichtung und später auch in der Schule. Jeder noch so kleine Beitrag leistet einen wertvollen, sozialen Dienst in unserer Gemeinschaft und gibt den Kindern gleichzeitig ein **gutes Vorbild** für das so wichtige Mitwirken bei der Gestaltung unseres gesellschaftlichen Zusammenlebens und das soziale Lernen insgesamt.

Egal, ob Sie uns bei Festivitäten mit Kuchenspenden unterstützen, beim Auf- und Abbau helfen, als Begleitperson zur Verfügung stehen, an einem Projekttag teilnehmen oder sich beim Sand schaufeln oder Unkraut jäten betätigen, jede Mithilfe ist sehr wertvoll und verdient unser aller **Anerkennung**.

Bitte zeigen Sie uns Ihre Bereitschaft zur Mitarbeit und geben Sie einfach Bescheid, wie und in welcher Form Sie uns unterstützen können und wollen. Nach dem Motto: **„Gemeinsam etwas schaffen – sich gemeinsam freuen!"** ist jeder kleinste Beitrag von Ihnen wertvoll und wir freuen uns in und für die Gemeinschaft sehr darüber.

Und auch hier gilt: Kinder schauen sich Ihr Verhalten ab, wenn Sie bereit sind zu helfen, werden auch Ihre Kinder zu Helfern.

Tipps für den Alltag

→ Wenn Ihre Mithilfe gefragt ist, Sie aber keine oder kaum Zeit haben, überlegen Sie bitte, wie Sie uns eventuell anders unterstützen können. Vielleicht übernehmen auch gern andere Personen aus dem Familienkreis (Oma, Opa, Geschwister …) Aufgaben.

→ Signalisieren Sie uns Ihre Bereitschaft zur Mitarbeit, eine Mitteilung auf einem kleinen Notizzettel hilft uns sehr bei der Organisation.

→ Trauen Sie sich auch, in Ihren Augen kleine Beiträge beizusteuern. Jede Mithilfe ist wertvoll und entlastet andere ehrenamtlich Engagierte.

Spielen – die „Arbeitswelt" des Kindes

Liebe Eltern,

bei einem Elternabend in einem anderen Kindergarten klagte eine Erzieherin einmal: „Vor lauter Förderprogrammen haben die Kinder gar keine Zeit mehr zu spielen!" Dieses Gefühl der Erzieherin ist sicherlich nicht unberechtigt, da der gesellschaftliche Anspruch an die Kindertageseinrichtungen und der damit verbundene Leistungsdruck in den letzten Jahren sehr groß geworden ist. Von allen Seiten strömen Modelle mit Lernwerkstätten, Förderprogrammen und Bildungsprojekten auf die Kitas ein und bestimmen unseren Tagesablauf. Ist das wirklich alles so wichtig, dass es das Spielen nach hinten verdrängt?

 ### *Das Wichtigste auf einen Blick*
→ Spielen ist die Arbeit des Kindes
→ Im Spiel steht Freude im Vordergrund, Lernen vollzieht sich häufig quasi beiläufig
→ Spiele haben sehr vielfältige und unterschiedliche Zielsetzungen
→ Bei fast allen Spielen werden kognitive, motorische, emotionale und soziale Fähigkeiten gefördert
→ Spielen ist wesentlich mehr als „Spielerei", im Spielen entdeckt das Kind die Welt

 ### *„Gut zu wissen"*

Die bekannte Pädagogin Maria Montessori bezeichnete **spielen** als die **Arbeit des Kindes**. Sie wollte damit zum Ausdruck bringen, dass Kinder im Spiel dauerhaft lernen und ihre Begabungen auf dem Weg zum Erwachsenwerden trainieren. Dies ist natürlich mit Anstrengung, aber in der Regel auch mit hoher Motivation verbunden, da Kinder ihrer Umwelt meist aufgeschlossen und neugierig begegnen.

Sowohl im Freispiel, als auch im angeleiteten Spiel gibt es vielfältige Spielmöglichkeiten mit unterschiedlichen Zielstellungen. Es gibt Rollen- und Illusionsspiele (z. B. „Vater, Mutter, Kind", „Wir tun so als ob..."), Regelspiele (z. B. „Mensch ärgere dich nicht"), Konstruktionsspiele (Lego, Bauklötze, Puzzle), Informationsspiele (Lernspiele) und Funktionsspiele (Bewegungsspiele). Gerade in Spielsituationen werden neben **kognitiven und motorischen Fähigkeiten** häufig **soziale Umgangsformen** in der Gruppe geübt und **emotionale Fähigkeiten**, wie der Umgang mit „Gewinnen oder Verlieren" trainiert.

Zum Schmunzeln ;-)
Ein Zitat von Harald Schmid über den Torhüter Olli Kahn:
„Wenn der Olli Kahn aufs Feld läuft, ruft Ottmar Hitzfeld vom Rand: ‚Der tut nix, der will nur spielen ...'"

Bei allen spielerischen Tätigkeiten steht in der Regel die **Freude** am Spielen im Vordergrund und das **Lernen** ist quasi eine selbstverständliche Begleiterscheinung. Es ist notwendig, dass Kinder im Alltag genügend Zeit zum Spielen haben, es ist auch wichtig, dass sie selbst Entscheidungen treffen dürfen, was sie gerade spielen möchten. Natürlich haben auch Lernwerkstätten und andere Förderangebote ihre Berechtigung, doch sollte noch genügend Freiraum sein, „einfach nur so" spielen zu dürfen.

Die Wichtigkeit und Notwendigkeit des Spielens hat der Pädagoge Friedrich Fröbel in folgendem Zitat zusammengefasst: „Spiel ist nicht Spielerei, es hat hohen Ernst und tiefe Bedeutung." Dieses Wissen sollte uns helfen, Aussagen des Kindes „Wir haben heute nichts gemacht und nur gespielt" richtig einordnen zu können. Dazu passt am Ende noch ein Zitat von Albert Einstein: „Atome spalten ist ein Kinderspiel, verglichen mit einem Kinderspiel!"

 Tipps für den Alltag

→ Lassen Sie Ihrem Kind genug Zeit zum Spielen.
→ Zeigen Sie Interesse für die Spiele, von denen Ihr Kind aus dem Kindergarten berichtet.
→ Spielen Sie so oft wie möglich Gesellschaftsspiele mit Ihrem Kind.
→ Lassen Sie Ihr Kind nicht immer gewinnen, sprechen Sie mit ihm auch über Gewinnen und Verlieren.
→ Wertschätzen Sie das Spiel des Kindes als wertvolle Arbeit.

Bewegung bringt's ...

Liebe Eltern,

staunen wir nicht manchmal über die Energie und Ausdauer, die unsere Kinder zeigen, wenn sie herumtoben oder sich auf dem Spielplatz bewegen dürfen? Der Bewegungsdrang der Kinder scheint endlos zu sein. Vielleicht fällt es Ihnen manchmal schwer, diese „Unruhegeister" ständig zu ertragen und zu beschäftigen. Doch wenn wir uns bewusst machen, wie wichtig die körperliche Bewegung auch für die Beweglichkeit des Denkens und Handelns ist, lässt sich manches Herumtoben sicher leichter ertragen.

 ### Das Wichtigste auf einen Blick
- Bewegung ist die Voraussetzung für Begegnungen mit der Umwelt
- Bewegungserfahrungen beinhalten Sinneserfahrungen, Körpererfahrungen und regen das Gehirn an
- Soziale Aspekte, Selbstwertgefühl und Sicherheitsbewusstsein werden durch Bewegungserfahrungen in der Gruppe gefördert
- Bewegung ist wichtig für grundlegende Fähigkeiten, wie Kondition, Ausdauer und Körperkoordination

 ### „Gut zu wissen"

Um etwas in seiner Umwelt entdecken zu können, muss man sich darin bewegen, da man ja erst dadurch immer wieder neuen Situationen begegnen kann. In aller Kürze könnte man sagen: Das Bewegen ermöglicht erst das Begegnen.
Die körperliche Beweglichkeit, die auch als **Motorik** bezeichnet wird, beinhaltet sowohl die Bereiche der **Kondition** und **Ausdauer**, als auch den Bereich der **Koordination** des Körpers. Und damit liegt schon auf der Hand, warum das häufige und vielfältige Bewegen sehr wichtig ist. Denn sowohl Ausdauer, als auch koordinative Fähigkeiten spielen in unse-

rem Leben und natürlich auch im schulischen Lernen eine wichtige Rolle. Ausreichende Bewegung, möglichst an der frischen Luft, ist wichtig für die **Gesundheit**. Die Muskulatur und der ganze Bewegungsapparat werden flexibel gehalten. Kinder haben einen ganz natürlichen Bewegungsdrang, für den sie genügend Raum und Zeit brauchen.

Jede Bewegungserfahrung birgt auch gleichzeitig **Körpererfahrung** in sich. Diese ist Grundvoraussetzung für die **räumliche Orientierung**, die später nicht nur im Geometrieunterricht, sondern in der gesamten Lebensbewältigung bedeutsam ist. Es ist wichtig, dass Kinder großräumige (z. B. auf dem Spielplatz) und kleinräumige Bewegungserfahrungen (z. B. in einer selbstgebauten Höhle unter dem Tisch) machen dürfen.

Bei allen Bewegungen werden auch die **Sinne**, insbesondere das Fühlen und Sehen gefördert, was für das Erlernen der Kulturtechniken Lesen und Schreiben bedeutsam ist. Jede Bewegung erfordert die **Koordination des Bewegungsablaufs im Gehirn**.

Nicht zuletzt ermöglicht das Bewegen und Toben in der Gruppe **soziale Erfahrungen** mit anderen Kindern. Das Kind erlebt in sportlichen „Wettkämpfen" auch seine Stärken und Schwächen, was für die Entwicklung des eigenen **Selbstwertgefühls** wichtig ist.

Unsere Aufgabe ist es, den Kindern Raum für vielfältige Bewegungsmöglichkeiten zu schaffen und dabei auf **Sicherheit** zur Erhaltung der Gesundheit zu achten.

> Zum Schmunzeln ;-)
>
> Die Klitschko-Brüder radeln in den Biergarten und stellen fest, dass sie ihre Fahrradschlösser vergessen haben. Nach kurzer Überlegung befestigen sie an ihren Rädern einen Zettel mit dem Text: „Finger weg – diese Räder gehören den Klitschkos!" Nach dem Biergartenbesuch ist eins der zwei Räder gestohlen. Auf dem verbliebenen Zettel steht schwungvoll drunter geschrieben: „Verfolgung zwecklos – Erik Zabel!"

Tipps für den Alltag

→ Geben Sie Ihrem Kind ausreichend Gelegenheiten sich zu bewegen und lassen Sie Ihr Kind möglichst häufig im Freien spielen.

→ Spielplätze und Angebote in Sportvereinen bieten gute Gelegenheiten, auch in der Gruppe Bewegungserfahrungen zu machen.

→ Lehren Sie Ihr Kind das Schwimmen oder ermöglichen Sie Ihrem Kind einen Schwimmkurs. Schwimmen trainiert nicht nur koordinative Fähigkeiten. Es ist auch gut für die Sicherheit, wenn Kinder frühzeitig schwimmen können.

Stift, Schere, Kleber...

Liebe Eltern,

viele Kinder malen und basteln gern, insbesondere dann, wenn ihre Werke entsprechend gewürdigt werden. Doch es gibt auch Kinder, die nicht gerne einen Stift in die Hand nehmen, ausschneiden oder basteln. Da diese Grundfertigkeiten für das spätere Arbeiten in der Schule dennoch wichtig sind, sollte man auch andere kreative Möglichkeiten anbieten, den Umgang mit Stift, Schere und Kleber zu üben. Es muss nicht immer nur das Ausmalbild oder die vorgezeichnete Figur zum Ausschneiden sein! Wie wäre es mit dem Lieblingsfußballer aus der Zeitschrift?

Das Wichtigste auf einen Blick
→ Der geschickte Umgang mit Stift, Schere und Kleber ist für schulische Arbeitsweisen wichtig
→ Alle Tätigkeiten, die Finger und Hände in Bewegung bringen, fördern die Feinmotorik

„Gut zu wissen"

Alle Übungen, welche die Finger in Bewegung bringen, dienen der Förderung der sogenannten **Feinmotorik**, die sich hier vor allem auf die **Finger- und Handkoordination** bezieht. Diese Handgeschicklichkeit ist für das Erlernen des Schreibens wichtig, da auch hier sehr feine Bewegungsabläufe stattfinden. Natürlich wird die Feinmotorik auch in vielen anderen **Tätigkeiten täglich trainiert**, sei es beim Zähneputzen, beim Spielen im Sandkasten, beim Zuknöpfen der Jacke usw. Im Kindergarten und in der Schule gibt es weitere zahlreiche Angebote zur speziellen Förderung der Handgeschicklichkeit, z. B. bei Steckspielen, beim Kneten oder bei Bastelaktivitäten.

Für viele **Arbeitsformen im Schulunterricht** werden häufig Stifte, Schere und Kleber benötigt. Hier können Kinder, die mit diesem Werkzeug gut umgehen können und mit den entsprechenden Tätigkeiten vertraut sind, schnell, zielgerichtet und damit auch erfolgreich arbeiten.

Beim **Schneiden** mit der Schere führen beide Hände unterschiedliche Bewegungen aus. Die **„Schneide-Hand"** öffnet und schließt die Schere und die **„Halte-Hand"** bewegt den zu schneidenden Gegenstand in die richtige Richtung. Diese verschiedenen Bewegungsabläufe sind am Anfang schwer zu koordinieren und gelingen nur nach häufigem Üben. Motivierend ist es für Kinder, wenn sie außer Papier vielleicht auch andere Materialien, wie Knete, Kuchenteig, Stoffe oder Ästchen schneiden dürfen. Für linkshändige Kinder ist eine **spezielle Linkshänderschere** erforderlich. Unterstützend wirken auch alle Tätigkeiten, bei denen die linke Hand etwas anderes tut als die rechte Hand.

Der Umgang mit Klebestift oder Flüssigkleber gelingt den Kindern meist leicht. Es ist hier nur wichtig, ihnen zu zeigen, dass **nicht zu viel Kleber** ver(sch)wendet werden soll und an welchen Stellen man den Klebstoff sinnvoll anbringt.

Für das Schreiben ist eine **unverkrampfte Stifthaltung** mit drei Fingern, die den Stift fixieren und der Auflagefläche in der Hand wichtig. Hier sollte sehr frühzeitig auf die Haltung geachtet werden, da eingeschliffene Halteweisen bei der Einschulung nur sehr schwer wieder zu beheben sind. Es gibt hierfür auch spezielle Stifte oder Aufsätze mit Griffmulden, die für Anfänger gut geeignet sind.

Zum Schmunzeln ;-)
Die Mutter zu ihrem Sohn: „Kannst du bitte schnell den Salzstreuer auffüllen?" Eine Stunde später kommt der kleine schluchzend und schniefend aus der Küche: „Ich schaff's einfach nicht das Zeug durch die Löcher zu stopfen!"

 Tipps für den Alltag

→ Nutzen Sie die vielfältigen Möglichkeiten des Alltags für die Förderung der Hand- und Fingergeschicklichkeit, z. B. Teig kneten, Kuchen verzieren, Obst schneiden, Brot streichen, im Garten mitarbeiten usw.

→ Achten Sie sehr frühzeitig auf die richtige Haltung eines Stiftes. Lassen Sie auch mit Filzstiften malen, da hier weniger Druck durch die Hand ausgeübt werden muss.

→ Die richtige Haltung des Stiftes kann auch trainiert werden, indem man mit dem Stift z. B. Löcher in Knete oder Ton drückt oder Wachs einritzt.

→ Führen Sie vielfältige Schneideübungen durch und sprechen Sie über die richtige Menge und die richtige Stelle beim Anbringen von Klebstoff.

→ Kinder, die nicht gern malen oder basteln, kann man durch Werkstattarbeit (sägen, hämmern, nageln) oder durch Basteln mit Naturmaterialien motivieren.

Gesundheitserziehung

Liebe Eltern,

„Gesundheit ist das höchste Gut" sagt eine alte Volksweisheit. Man denkt an diesen Spruch vielleicht gerade dann, wenn man selbst kleine „Wehwehchen" hat oder im Umfeld mit Krankheiten konfrontiert wird. Doch eigentlich wäre es auch wichtig, von klein auf eine gesunde Lebensweise zu führen, um dieses wertvolle Gut der Gesundheit zu schützen und zu erhalten.

Das Wichtigste auf einen Blick
- Gesundheitserziehung durchzieht den ganzen Lebensalltag
- Wir müssen uns aktiv um die Gesunderhaltung des Körpers kümmern und tragen dabei eine wichtige Vorbildfunktion
- Körperliche Hygiene, gesunde Ernährung, ausreichende Bewegung und passende Kleidung sind wichtig
- Auch die psychische Gesundheit ist sehr bedeutsam

„Gut zu wissen"

Gesundheitserziehung sollte in unserem **gesamten Lebensalltag** eine wichtige Rolle spielen, denn Kinder lernen eine gesunde Lebensweise nur dadurch, dass wir ihnen **im Alltag zeigen**, was sie **aktiv zum Erhalt der eigenen Gesundheit beitragen** können. Auch unsere **Vorbildfunktion** spielt eine entscheidende Rolle.

Für die **körperliche Hygiene** sollten Kinder von klein auf lernen, dass man sich täglich waschen muss und dass man nach dem Toilettenbesuch oder nach dem Spielen im Freien immer die Hände gründlich reinigt. Auch für den Umgang mit Toilettenpapier benötigen Kinder Anleitung und Übung mit einem Erwachsenen. Da sie beim Toilettenbesuch in der Schule komplett auf sich alleine gestellt sind, sollte das selbstständige Saubermachen und das anschließende Händewaschen wie ein Ritual funktionieren.

Auch das **Zähneputzen** ist ein wichtiges Ritual, das von Anfang an gelernt werden muss. Kinder brauchen dazu natürlich noch die Mithilfe eines Erwachsenen. Es ist zwar wünschenswert, dass sich Kinder im Schulalter selbst um die Zahnpflege kümmern können, doch sollten wir im Hinblick auf Folgeschäden lieber länger als kürzer bei der Körperpflege assistieren.

Zum Schmunzeln ;-)

Beim Abendessen sagt Susi zu ihrer Mutter: „Jetzt habe ich die Möhren genau fünfzehn Mal gekaut, Mama!" „Das ist sehr brav", lobt die Mutter. Da verzieht Susi das Gesicht und fragt mit weinerlicher Stimme: „Und was soll ich jetzt damit machen?"

Wichtig für eine gute körperliche Entwicklung ist eine **gesunde Ernährung**. Eine ausgewogene und gesunde Ernährung können Kinder nur kennen und schätzen lernen, wenn wir ihnen diese auch anbieten. Vielleicht mag ein Kind eine Brotzeit, die aus einem Frischkäsebrot, Apfelschnitzen und ein paar Trauben besteht, genauso gerne, wie das abgepackte süße Hörnchen? Probieren Sie es einfach mal aus, es gibt sicher gesunde Nahrungsmittel, die auch Ihr Kind gern mag! Während des Tages sollten Kinder auch **viel trinken**, nach Möglichkeit zuckerfreie Getränke.

Zur Gesunderhaltung des Körpers gehört auch ausreichend **Bewegung** in angenehmer und nicht einengender Kleidung und passendem Schuhwerk. Kinderfüße wachsen schnell und sind so leicht verformbar, dass Kinder es oft gar nicht merken, wenn Schuhe zu klein werden. Bitte **kontrollieren** Sie deshalb regelmäßig die **Schuhgröße** Ihres Kindes.

Neben allen Maßnahmen für das körperliche Wohlbefinden spielt natürlich auch die **psychische Gesundheit** eine wichtige Rolle. Hier können Sie Ihr Kind vor allem mit Gesprächen über Gefühle und mit Vertrauen, welches Sie dem Kind entgegenbringen, positiv unterstützen.

 ### *Tipps für den Alltag*

→ Führen Sie feste Rituale der Körperpflege ein.
→ Es gibt zahlreiche Hilfsmittel, die diese Rituale unterstützen können, z. B. eine Sanduhr zum Zähneputzen, Signale in der elektrischen Zahnbürste, kindgemäße Flüssigseifenspender, etc.
→ Sorgen Sie für gesundes Essen und Trinken. Ein „Lachgesicht" aus Gemüse auf dem Brot macht es zu einer Delikatesse, denn „das Auge isst mit"!
→ Achten Sie auf saubere, bequeme und passende Kleidung und Schuhe.

„Bitte", „Danke" und „Auf Wiedersehen"

Liebe Eltern,

„Ich will ...!" Diesen Satzanfang haben Sie sicher auch schon oft gehört. Es ist auch ganz normal, dass Menschen ihre Vorstellungen anderen gegenüber mündlich äußern. Jedoch wissen wir längst, dass der Erfolg, ob Wünsche erfüllt werden, oft auch davon abhängt, wie man nach etwas fragt. Ein Sprichwort sagt dazu: „Der Ton macht die Musik". Und dieses Verständnis erwerben unsere Kinder vor allem dadurch, dass wir ihnen gute Beispiele in Umgangston und Höflichkeit vorleben.

Das Wichtigste auf einen Blick
→ In der Kommunikation sendet ein Sender eine Botschaft an einen Empfänger. Das richtige Ankommen der Botschaft liegt in der Verantwortung des Senders
→ Der Unterton drückt die Gefühle des Senders aus
→ Die Körpersprache (Mimik und Gestik) sollte immer authentisch sein
→ Höflichkeit und Freundlichkeit im Umgang erleichtern das gesellschaftliche Zusammenleben

„Gut zu wissen"

Egal ob in Familie, Kindergarten, Schule oder Beruf, unser ganzes **gesellschaftliches Zusammenleben** hängt von einer guten **Kommunikation** ab. Das hört sich sehr einfach an, denn es bedeutet ja nur, dass wir **miteinander reden** müssen. Doch Sie wissen selbst, dass manchmal nur „hintenrum" geredet wird und dass man trotz aller Bemühungen manchmal aneinander vorbeiredet. Vielleicht ist es wichtig, dass wir uns wieder ins Gedächtnis rufen, was wir über Kommunikation gelernt haben: Ein **Sender** schickt eine Botschaft an einen **Empfänger** und es ist die Aufgabe des Senders, dass diese Botschaft auch beim Betreffenden richtig ankommt.

Wenn man z. B. möchte, dass das Kind beim Anziehen in der Garderobe nicht trödelt, dann würde die Aussage: „Der Kindergarten macht gleich zu!" vielleicht erst einmal bewirken, dass das Kind darüber nachdenkt, wer die Türe zuschließt. Die eigentliche Botschaft („Ziehe deine Jacke an!") ist da nicht wirklich angekommen. Deshalb sollte man sehr gut überlegen, wie man sich in Gesprächen sachlich klar ausdrückt.

Wie oben schon erwähnt, ist natürlich auch der **Unterton** entscheidend, da er das **Gefühl des Sprechers** als Botschaft mit ins Gesprochene hineinbringt. Probieren Sie selbst einmal, wie ein einfacher Satz: „Das sieht ja toll aus!" durch unterschiedliche Betonung sowohl Bewunderung als auch Missachtung ausdrücken kann.

Es ist deshalb wichtig, dass man seine Anliegen mit dem richtigen Ton und mit einer dem Gefühl entsprechenden, für die Situation passenden **Körpersprache** vorbringt, also mit einer **authentischen Mimik und Gestik**. Wie sollte das Kind sonst z. B. ein Schimpfen verstehen, wenn der Erwachsene dabei lächelt oder ein Lob, wenn es dabei böse angeschaut wird.

Die zwischenmenschliche Kommunikation ist wirklich eine der schwierigsten, aber auch wertvollsten Fähigkeiten in unserem Leben, in der das Lernen sicher nie aufhört. Geben wir unseren Kindern durch ein gutes Vorbild die Chance, sich zu kompetenten Sprechern und Zuhörern zu entwickeln.

> *Zum Schmunzeln ;-)*
>
> Nina erzählt beim Abendessen: „Mama, ich bin verliebt!"
> Darauf die Mutter: „In wen denn?"
> Nina: „In den Michael im Kindergarten."
> Die Mutter fragt: „Hast du ihm das schon einmal gesagt?"
> Nina: „Ja!"
> Mutter: „Und was hat er da gesagt?"
> Nina: „Er ist weggelaufen!"

Tipps für den Alltag

→ Geben Sie bei Gesprächen mit Ihrem Kind klare Botschaften, die auch beim Kind ankommen.

→ Achten Sie in der Sprache Ihres Kindes auf höfliche Umgangsformen (Bitte, Danke, Ich möchte bitte ..., Kann ich bitte ...)

→ Freundliches Grüßen und ein freundlicher Umgangston bereichern das gesellschaftliche Miteinander. Seien Sie auch hier vorbildhaft!

→ Lassen Sie sich bei Gesprächen von Ihrem Kind nicht unterbrechen. Kinder müssen auch lernen, dass Ihr Gesprächspartner in diesem Moment ungeteilte Aufmerksamkeit bekommt.

Fragen brauchen Antworten

Liebe Eltern,

Kennen Sie selbst aus Ihrer Kindheit solche Aussagen, wie: „Das lernst du erst später" oder „Das verstehst du noch nicht"? Da wurde mit einem Satz die ganze Neugierde und Wissbegier ausgebremst. Eigentlich ist das ja sehr schade, denn die ständige Fragehaltung der Kinder ist ein Zeichen dafür, wie lernbegierig sie sind. Die häufigste Kinderfrage „Warum ...?" kann Erwachsenen zwar manchmal ganz schön auf die Nerven gehen, doch man sollte sich bewusst machen, dass Kinder damit ihr Wissen wirklich erweitern wollen. Also immer schön geduldig bleiben!

 ### *Das Wichtigste auf einen Blick*

→ Kinder können in jeder Entwicklungsstufe alles verstehen, wenn man ihnen altersangemessene Erklärungen bietet
→ Im Vorschulalter besteht oft ein „animistisches Weltbild", das später durch die Sachkenntnis korrigiert wird
→ Das „Lernen des Lernens" wird gefördert, wenn wir uns gemeinsam mit dem Kind auf Antwortsuche begeben
→ Lernen ist etwas Positives, es geschieht lebenslang
→ Fragen brauchen Antworten

 ### *„Gut zu wissen"*

Pädagogen und Entwicklungspsychologen propagieren schon sehr lange, dass Kinder **in jeder Entwicklungsstufe schon alles verstehen** können, wenn man ihre Fragen **in altersgerechter Form beantwortet**. Darin liegt natürlich die große Kunst, diese angemessene Erklärungsweise zu finden.

Man sollte dazu wissen, dass Kinder im Vorschulalter größtenteils ein **animistisches Weltbild** (so bezeichnet es der Pädagoge Piaget) haben. Es bedeutet, dass alle Dinge in der Welt des Kindes lebendig sind: Die Wolken am Himmel „blasen" den Wind heraus, die Puppe weint, weil sie „Hunger hat". Erst mit der Zeit verdrängt die **Sachkenntnis**, die durch die vielen Erfahrungen erworben wurde, diese Form der Weltinterpretation. Kleine Kinder können also nicht jedes Phänomen rational deuten. Deshalb sind auf dieser Stufe manchmal auch „animistische" Erklärungen notwendig.

Zum Schmunzeln ;-)
…einige Fragen
Wie heißen die Zehen zwischen dem großen und dem kleinen Zeh?
Haben Elefanten auch Popel im Rüssel?
Warum stinken Fische so, obwohl sie ihr ganzes Leben lang baden?

Bei der Suche nach altersgemäßen Erklärungen können uns folgende Überlegungen helfen: Welches Vorwissen hat das Kind schon zu diesem Thema und wo kann ich anknüpfen? Welche Vergleiche aus dem Erfahrungsbereich des Kindes, z. B. „das ist so groß wie …" kann ich ziehen? Gibt es die Möglichkeit, ein Experiment zu der Fragestellung zu machen? Gibt es vielleicht einen „Spezialisten" in der Familie, der darüber viel weiß? Vor allem, wenn Fragen zum früheren Leben kommen, sind Großeltern oft gute Vermittler.

Je älter das Kind wird, desto mehr Vorerfahrungen bringt es mit. Dadurch werden auch die Fragen bohrender und man gerät sicher bald an seine **Erklärungsgrenzen**. Oder können Sie aus dem Stegreif erklären, wie eine SMS auf das Handy kommt? Hier ist es auch wichtig, **zuzugeben, wenn man etwas nicht erklären kann**, denn kein Mensch kann alles wissen. Aber damit sollte man nicht aufhören. Sie sollten dem Kind im Sinne von **„Lernen des Lernens"** zeigen, wie man sich Informationen besorgen kann. Das Nachschlagen im Lexikon oder eine Suche mit der Suchmaschine im Internet sind Lerntechniken, die später in Schule und Leben häufig gebraucht werden.

Durch das Eingehen auf Fragen des Kindes entwickelt es auch einen positiven Lernbegriff: Lernen ist ein **lebenslanges Lernen**, es bringt mich weiter, es beginnt nicht erst in der Schule und hört nicht danach auf. Man lernt nie aus!

Tipps für den Alltag

→ Gehen Sie auf die Fragen Ihres Kindes geduldig ein und suchen Sie nach altersangemessenen Erklärungen.

→ Vergleiche aus der Erfahrungswelt des Kindes helfen oft weiter.

→ Wenn gerade wenig Zeit ist, bitten Sie Ihr Kind, sich die Frage zu merken oder schreiben Sie sie auf einen Notizzettel, der an den Kühlschrank geheftet wird.

→ Kinder fragen oft zu aktuellen Geschehnissen. Hier geben Kindernachrichten (z. B. „logo" im Kinderkanal oder im Internet) gute und altersangemessene Erklärungen.

„Wiese, Wald und Feld" – Unsere Umwelt lieben und schützen

Liebe Eltern,

erinnern Sie sich noch daran, wie Sie früher draußen mit anderen Kindern gespielt haben? Vielleicht haben Sie gerne Kastanien gesammelt, Blumensträußchen gepflückt oder im Wald Himbeeren gesucht. Diese vielfältigen Naturerfahrungen, die wir in unserer Kindheit oft machen konnten, bleiben vielen Kindern heutzutage verborgen. Doch um die Umwelt lieben zu lernen und diese als Lebensraum zu bewahren, brauchen Kinder diese unmittelbaren Begegnungen mit der Natur.

Das Wichtigste auf einen Blick
→ Zum Entdecken der Umwelt ist die unmittelbare Naturerfahrung mit allen Sinnen eine wichtige Grundvoraussetzung
→ Staunen über Phänomene der Umwelt und deren Bewunderung helfen bei der Entwicklung des Umweltschutzgedankens
→ Vorerfahrungen durch direkte Naturbegegnung fördern das spätere Verständnis biologischer und anderer naturwissenschaftlicher Themen
→ Zu Umwelt- und Klimaschutz kann jeder etwas beitragen, unser Vorbild zählt

„Gut zu wissen"

Betrachten und Beobachten von Dingen und Begebenheiten in der Natur sind grundlegende Arbeitstechniken, um die belebte Natur kennen zu lernen. Für das Entdecken dieser Phänomene benötigt man vor allem **Zeit** und natürlich den **unmittelbaren Kontakt**. Kein Fernsehbild kann diese naturnahe Begegnung mit dem Objekt ersetzen. Es würde die **Wahrnehmung mit allen Sinnen** fehlen, denn man kann im Film zwar etwas sehen und hören, aber nicht wahrnehmen, wie zum Beispiel eine bestimmten Pflanze riecht oder wie sie sich anfühlt. Gerade diese vielseitige Wahrnehmung ist wichtig, um auch **über Naturphänomene staunen** zu können und sich den ganzen Reichtum, der uns in der Natur geschenkt ist, bewusst machen zu können. Dieses Staunen und die **Bewunderung** sind Grundlage dafür, dass wir diesen **Lebensraum auch als erhaltens- und schützenswert** empfinden. Es ist absolut lebensnotwendig, dass wir mit den Ressourcen der Erde sorgsam umgehen.

Dieser **Umweltschutzgedanke** sollte Kindern von klein auf bewusst gemacht werden und auch wir sind immer wieder gefragt, uns in der Umwelt und **für den Erhalt der Umwelt vorbildhaft einzusetzen**. Jeder Verzicht auf eine Autofahrt zur Kita dient nicht nur dem Klimaschutz, sondern bringt auch Ihnen und Ihrem Kind einen Gewinn: Man begegnet zu Fuß oder mit dem Rad einfach leichter einem Phänomen der Natur, z. B. einem Spinnennetz in der Hecke oder einem krabbelnden Käfer auf dem Gehweg.

Und dass spätere schulische Lehrplanthemen im Sachunterricht auf **Vorerfahrungen** durch unmittelbare Begegnungen mit der Natur aufbauen, ist offensichtlich. Denn in der begrenzten Zeit, die für schulisches Lernen zur Verfügung steht, können Lehrkräfte nicht bei allen biologischen Themen mit der Klasse in den Lernort Natur gehen. Es besteht also bei keinem Waldbesuch oder Spaziergang eine Gefahr der Vorwegnahme eines Unterrichtsstoffes. Im Gegenteil: Kinder sammeln ihrem Alter gemäß wichtige Vorerfahrungen und lernen auf ihrem Niveau den richtigen Umgang mit der Natur zu deren Bewahrung und Schutz.

> **Zum Schmunzeln ;-)**
>
> Der kleine Jakob (3 Jahre) findet auf dem Weg zum Kindergarten etwas und zeigt es der Erzieherin: „Schau mal, ein Schneckenhaus, da ist eine Schnecke drin!" Da sagt die Erzieherin: „Nein, Jakob, das ist eine Haselnuss." Jakob folgert daraus: „Oh, ist da ein Hase drin?"

 ### Tipps für den Alltag

→ Gehen Sie mit Ihrem Kind häufig in die Natur und staunen Sie gemeinsam über dort entdeckte Phänomene.

→ Kinder, die nicht gern laufen, lassen sich vielleicht mit einem Sammelauftrag zu einem Waldspaziergang ermuntern. Sammeltüte nicht vergessen und zu Hause die gesammelten Werke ausstellen lassen – darauf ist jedes Kind stolz.

→ Für den Umweltschutz zählt jeder kleine Schritt! Erläutern Sie Ihrem Kind, warum sie vielleicht gerade das Auto in der Garage gelassen haben und zu Fuß unterwegs sind.

Natur und Technik entdecken

Liebe Eltern,

haben Sie schon einmal darüber nachgedacht, warum eine Fliege ohne Mühe an der Decke spazieren kann ohne herunterzufallen? Kinder beobachten Phänomene in Natur und Umwelt, die uns Erwachsenen oft gar nicht mehr auffallen. Dieser Entdecker- und Forscherdrang unserer Kinder und die damit verbundenen Fragen scheinen endlos zu sein. Und oft sind es die kleinen Dinge des Alltags, in denen so viele physikalische, chemische oder technische Experimentiermöglichkeiten stecken. Sie ermöglichen den Kindern schon wesentliche Erkenntnisse in naturwissenschaftlichen Lernfeldern und helfen ihnen, sich ihre Welt zu erschließen. Schauen Sie sich doch mal mit Ihrem Kind eine einfache Wäscheklammer an ...

 Das Wichtigste auf einen Blick
- → Experimentieren ist die Grundlage für wissenschaftlichen Erkenntnisgewinn
- → Handelnde Auseinandersetzung ist ein wichtiges Merkmal des Forschens
- → Experimente auch zulassen, wenn Unordnung entsteht oder wenn man Ergebnisse nicht erklären kann
- → Durch gemeinsames Beobachten, Betrachten und Staunen Fragehaltungen aufbauen
- → Wissenschaften vorurteilsfrei begegnen

 „Gut zu wissen"

Uns Erwachsenen ist der **positive Zugang zu naturwissenschaftlichen Fachbereichen** wie Chemie oder Physik durch die oft allzu theoretische Vorgehensweise in der Sekundarstufe der Schule leider manchmal verloren gegangen. Umso wichtiger ist es, gemeinsam mit den Kindern wieder auf Entdeckungsreise in die Welt der Naturwissenschaften zu gehen.

Vielleicht hält uns auch die eigene Angst, etwas nicht richtig erklären zu können, davon ab, die Kinder experimentieren zu lassen. Doch bereits das **gemeinsame Betrachten, Beobachten und Staunen** ist für den **Aufbau einer Fragehaltung**, die für das Lernen insgesamt so wichtig ist, bedeutsam. Und wir dürfen als Erwachsene durchaus auch zugeben, wenn wir etwas nicht wissen und uns in Folge mit dem Kind gemeinsam überlegen, wie man Informationen bekommen kann.

Naturwissenschaftliche Versuche und Experimente verlangen immer eine **handelnd aktive Auseinandersetzung** mit verschiedensten Materialien aus Alltag und Natur. Der „Forscher" ist selbst aktiv und erlangt sein Wissen nicht nur aus Computerspielen, Fernsehsendungen oder Internet. Das bedeutet natürlich auch, dass Unordnung entstehen kann, die nicht per Knopfdruck wieder abgeschaltet werden kann. Doch es lohnt sich, dies zu „erdulden", da Erkenntnisse, die handelnd erfahren wurden, wesentlich intensiver im Gehirn verankert sind, als nur Gehörtes oder Gesehenes.

Gleichzeitig sollten wir auch den **Wissenschaften vorurteilsfrei begegnen**, da unser ganzes Leben aus biologisch-physikalisch-chemischen Prozessen besteht. Die Neugier und den Forscherdrang unserer Kinder für diese Grundlagen des Lebens gilt es zu bewahren und zu unterstützen. Vielleicht können wir als Erwachsene auch wieder „Feuer fangen".

Zum Schmunzeln ;-)

Sophie hantiert seit einer halben Stunde in der Küche herum. „Was machst du denn da nur so lange?", fragt die Mutter. „Mir sind die Eiswürfel ins heiße Wasser gefallen und ich kann sie einfach nicht mehr wieder finden."

Tipps für den Alltag

→ Bringen Sie Zeit und Geduld auf, mit Kindern in die Natur zu gehen und dort Phänomene zu entdecken und zu beobachten.

→ Lassen Sie Kinder bei den vielfältigen Tätigkeiten im Haushalt, z. B. beim Kuchen backen, mithelfen. (Ein gehender Hefeteig ist schon ein chemisches Experiment.)

→ Unterstützen Sie Ihre Kinder bei Experimentierversuchen durch das Bereitstellen entsprechenden Materials.

Mathematik im Vorschulalter – Das Entdecken von Zählen, Zahlen und Mengen

Liebe Eltern,

wir leben in einer Welt, in der wir von Zahlen umgeben sind. Schon bei der Geburt beginnt es: „Wir freuen uns über Svenja, geboren am 30.08.2003, 3700g schwer, 54 cm groß ...". Sehr früh begegnen auch die Kinder der Zahlenwelt. Sie gehen damit meist vorbehaltlos und freudig um. Es werden Treppenstufen gezählt, Anzahlen von Gummibärchen verglichen, das Lebensalter wird mit Fingern angezeigt und vieles mehr. Diese Freude am Umgang mit Zahlen und Mengen wollen wir aufrechterhalten und daraus eine gute Basis für das mathematische Lernen entwickeln.

Das Wichtigste auf einen Blick
- Basiskompetenzen für Mathematik sind das Kennen der Zahlwortreihe, die 1:1-Zuordnung, das Vergleichen und Klassifizieren, sowie das Erkennen von Invarianz (Mengen bleiben auch bei räumlicher Veränderung gleich) und Serialität (zeitliche Beziehung von Ereignissen)
- Ermöglichen Sie vielfältigen Zugang zu Zahlen und Mengen im Alltag!

„Gut zu wissen"

Für den mathematischen Lernprozess sind einige grundlegende Fähigkeiten und Kenntnisse von Bedeutung. Kinder lernen durch unser sprachliches Vorbild meist sehr schnell die **Zahlwortreihe**, also das Zählen bis zehn und oft schon darüber hinaus. Dies bedeutet aber nicht, dass sie damit auch bereits ein Mengenverständnis haben und Mengen richtig einschätzen können.

Um Anzahlen miteinander vergleichen zu können, braucht man die sogenannte **1:1-Zuordnung**. Diese ergibt sich im Alltag ständig: „Ist für jedes Familienmitglied ein Teller auf dem

Tisch?" „Hat jeder einen Löffel?". Durch das Vergleichen von konkreten Mengen, z. B. beim Verteilen von Bonbons, werden zudem mathematisch wichtige Begriffe, wie mehr, weniger, gleich viele, die meisten, die wenigsten gebildet, die für das spätere Erschließen des Zahlenraums wichtig sind.

Von großer Bedeutung ist auch die Erkenntnis, dass die Mächtigkeit einer Menge gleich bleibt, wenn sich die räumliche Struktur verändert. Der Pädagoge Piaget spricht bei seinen Versuchen dabei von **Invarianz**. Ein Kind muss erkennen, dass z. B. die Anzahl von Legosteinen gleich bleibt, auch wenn man sie in ein anderes Gefäß schüttet oder einen Turm damit baut. Neben dem Erfassen von Mengen und deren Vergleich sollen Kinder lernen, Gegenstände nach ihren Eigenschaften **klassifizieren** zu können. Dies geschieht im Alltag bei allen Sortierversuchen, z. B. von Bauklötzen nach Farben oder Formen oder beim Einsortieren des Besteckkastens. Klassifizieren ist u.a. auch für das spätere Sachrechnen wichtig.

Letztendlich ist im mathematischen Lernprozess noch die sogenannte **Serialität** von Bedeutung. Es ist die Erkenntnis über die zeitliche Beziehung von Ereignissen. Das Gefühl für Zeit, Zeitabläufe und Begriffe wie „zuerst, dann, zuletzt" entwickelt sich, indem Handlungsabläufe im Alltag von den Eltern mitgesprochen werden: „Zuerst ziehen wir die Unterwäsche an, dann die Socken, dann Hose und Pulli und zuletzt die Schuhe." In direkter Verbindung mit der Serialität steht der **Kardinalzahlaspekt**, was das Wissen darüber bedeutet „der erste, der zweite, der dritte ..." zu sein. Dieses Verständnis entwickelt sich im Alltag automatisch.

Eigentlich dienen all diese mathematischen Fähigkeiten, die man oft gar nicht als solche erkennt, der Lebensbewältigung und können deshalb sehr gut in Alltags-Situationen gefördert werden.

> *Zum Schmunzeln ;-)*
>
> Franz hat was angestellt und spricht bei seinem Vater vor: „Du, Papa, kann ich dich mal kurz unter drei Augen sprechen?"
> „Du meinst wohl unter vier Augen?"
> „Nein, drei – eines wirst du zudrücken müssen ..."

Tipps für den Alltag

→ Zählen Sie mit Ihrem Kind konkrete Mengen: Finger, Zehen, Bauklötze, Sofakissen, Malstifte, Eier in der Schachtel u.v.m.

→ Gehen Sie auf „Zahlen-Suche": Telefon, Fernbedienung, Computertastatur, Küchenwaage, Buchseiten, Messbecher, Lineal, Würfel, Verpackungen, Autokennzeichen, Hausnummern, Parkplatznummern, Parkscheibe, Parkuhr, Bahnhofsgleise, Fahrpläne, Preisschilder, Notrufnummern, Tankstelle ...

→ Lassen Sie mit Geduld Ihr Kind bei der Küchenarbeit und beim Kuchenbacken mithelfen: Eier zählen, Zucker abwiegen, Milch abmessen, Besteck einsortieren ...

→ Spielen Sie möglichst oft Würfelspiele zusammen, z. B. „Mensch ärgere dich nicht".

Geometrische Grunderfahrungen

Liebe Eltern,

denkt man an mathematisches Lernen, hat man meist Zahlen und Rechnen im Kopf. Doch die Geometrie hat in den ersten Lebensjahren für das Kind eine viel höhere Bedeutung, da sie ihm beim Erschließen seiner Umwelt hilft. Bereits von klein an beschäftigen sich Kinder mit ihrem eigenen Körper, was die Grundlage dafür bildet, sich später im Raum zurechtzufinden. Letztendlich können sich nur durch grundlegende Erfahrungen mit dem eigenen Körper und dem Raum ein räumliches Vorstellungsvermögen und das räumliche Denken entwickeln.

 Das Wichtigste auf einen Blick
- Geometrische Grunderfahrungen sind wichtig für das Erschließen der Umwelt
- Ausgehend vom eigenen Körper entdecken Kinder schon früh den Raum
- Begriffe wie oben, unten, vorne, hinten, rechts, links werden durch das aktive Bewegen im Raum erfahren
- Durch handelnde Auseinandersetzung mit Alltagsmaterialien und Spielgegenständen können weitere geometrische Begriffe, wie dreieckig, rund, Kugel, Würfel ... begriffen werden
- Ein gutes Körper- und Raumgefühl ist die beste Grundlage für die räumliche Orientierung und das räumliche Denken

 „Gut zu wissen"

Von Geburt an ist das Baby zunächst mit seinem eigenen Körper beschäftigt, bevor es sich bereits im ersten Lebensjahr den Weg durch den Raum erobert. Bereits hier werden **grundlegende Erfahrungen zu den wichtigen Begriffen, wie oben, unten, links, rechts,**

vorne und hinten gemacht, die nicht nur für die Geometrie, sondern auch in vielen anderen Bereichen sehr bedeutend sind.

Kinder begegnen auch schon sehr früh **geometrischen Körpern und Flächen**, auch wenn sie diese natürlich noch nicht benennen können. Trotzdem krabbeln sie durch das quaderförmige Wohnzimmer, vielleicht unter einem quadratischen Tisch durch und spielen mit einem kugelförmigen Ball. Beim späteren Spielen mit Alltagsmaterialien, Bauklötzen oder bei Einsteckspielen werden im handelnden Umgang weitere Formen und Begriffe wie „rund, dreieckig, viereckig, Würfel, Kugel ..." entdeckt.

Zum Schmunzeln ;-)

Ein Mann klettert an der geöffneten Bahnschranke rauf. „Was machen Sie denn da?", fragt der Schrankenwärter. „Ich mess die Schranke aus." – „Ich kann sie Ihnen auch runterlassen." – „Nützt mir nix. Ich brauch die Höhe, nicht die Breite."

Das sich entwickelnde **Körper- und Raumgefühl** wird durch die vielfältigen **Bewegungsspiele und -lieder** im Kindergarten oder Elternhaus sehr unterstützt. Im Umgang mit den zahlreichen Alltags- und Spielmaterialien lernt das Kind Begriffe wirklich durch das „Begreifen" mit den eigenen Händen. Beim Sprechen über Gegenstände und Dinge ist es wichtig, dass Erwachsene die **Begriffe korrekt anwenden** und es ist keinesfalls schädlich auch Fachbegriffe (z. B. „quadratisch") zu verwenden. Kinder lieben es, Wörter aus der „Fachsprache der Erwachsenen" zu erobern und können sich oft kompliziertere Begriffe merken, als wir denken.

 ## *Tipps für den Alltag*

→ Ermöglichen Sie Spiele oder Bewegungslieder mit vielen Körpererfahrungen.
→ Spielen Sie „Verstecken" und sprechen Sie bei der Suche mit: „Ist der XY unter dem Sofa?"
→ Gehen Sie mit Ihrem Kind auf eine Entdeckungsreise nach geometrischen Formen und Körpern.
→ Falten Sie mit Ihrem Kind Servietten, Papierschiffchen oder andere Origamifiguren.
→ Verwenden Sie ruhig auch geometrische Fachbegriffe, z. B. Quadrat, Quader oder Pyramide.

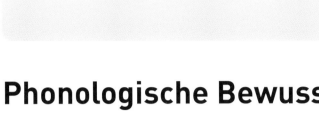

Phonologische Bewusstheit

Liebe Eltern,

„Drei Chinesen mit dem Kontrabass ..." Kennen Sie dieses oder ähnliche Lieder noch aus Ihrer Kindheit oder haben Sie selbst mit Ihrem Kind schon lustige Sprechverse aufgesagt? Dann haben Sie ganz unbewusst schon viel dazu beigetragen, dass ihr Kind etwas über die eigene Sprache lernt: eine Sprache besteht aus Lauten, die man beliebig zusammensetzen kann, z. B. auch als „Dri Chinisin mit dim Kintribiss ..." Dieses Bewusstheit von Lauten ist vor allem für das Erlernen des Lesens von großer Bedeutung.

 ### *Das Wichtigste auf einen Blick*
→ Jede gesprochene Sprache besteht aus Lauten (=Phonemen)
→ „Phonologische Bewusstheit" bezeichnet die Fähigkeit, einzelne Laute eines Wortes zu unterscheiden
→ Beim Buchstabieren sollte man lautieren, damit das Zusammenlesen später leichter gelingt
→ Genaues Hin- und Zuhören sind wichtige Voraussetzungen für die Lauterkennung und den Spracherwerb allgemein
→ Vielfältige Übungen mit Anlauten, Silben und Reimen in Finger-, Sprech- und Singspielen fördern die Entwicklung der phonologischen Bewusstheit

 ### *„Gut zu wissen"*

Die Laute, aus denen unsere gesprochene Sprache besteht, werden in der Fachsprache **Phoneme** genannt. Die Fähigkeit, einzelne Laute eines Wortes zu unterscheiden, bezeichnet man als **Phonologische Bewusstheit**.
Diese Bewusstheit erleichtert den Leselernprozess, da beim Lesen genau diese einzelnen Laute, welche zu einem Buchstaben oder einer Buchstabenverbindung (z. B. „SCH") gehö-

ren, zu einem sinnvollen Wort zusammengesetzt werden. Wenn ein Kind nachfragt, wie es seinen Namen schreiben soll, ist es wichtig, dass man beim Buchstabieren den Laut des Buchstaben nennt, also für „M" nicht „Emm", sondern „Mmm" sagt. Würde man den Namen „SANDRA" in gewohnter Weise buchstabierend lesen, würde daraus „ESAENDEÄRA" werden. Deshalb ist das Lautieren sehr wichtig, damit das Zusammenlesen überhaupt gelingen kann.

Wichtig für den gesamten Spracherwerb und die Lauterkennung ist natürlich vor allem das genaue **Hin- und Zuhören**, um die vielfältigen Geräusche des Alltags auch selektiv wahrnehmen zu können. Deshalb werden im Kindergartenalltag auch vielfältige Übungen zum Training des Hörverstehens und der phonologischen Bewusstheit in Form von Spielen wie „Anlaute erkennen", „Silbenklatschen" oder „Reimen" eingebaut. Dazu gehören die vielfältigen Finger-, Sing- und Bewegungsspiele.

> Zum Schmunzeln ;-)
>
> Fritz Zweistein ist Professor für Chemie. Als er von der Universität nach Hause kommt, berichtet seine Frau stolz: „Stell dir vor, unser Junge hat heute sein erstes Wort gesagt!" Der Professor begeistert: „Das ist ja toll! Und welches?"
> „Desoxyribonukleinsäure"

Tipps für den Alltag

→ Lautieren Sie („Mmm" statt „Emm"), wenn Sie für ein Kind etwas buchstabieren sollen, auch wenn es Ihnen anfangs ungewohnt erscheint.

→ Gehen Sie auf Entdeckungsreise nach Geräuschen und Lauten in der Umwelt.

→ Spielen Sie mit Anlauten, Silben und Reimen
  - „Ich sehe was, was du nicht siehst, und das fängt mit ‚S' an"
  - „In meinen Koffer packe ich alles mit ‚R'"
  - Auszählreime und Fingerspiele „Ene mene Miste ...", „Das ist der Daumen ..."
  - Namen klatschen: „Mi-cha-el"
  - Robotersprache: „Ich ho-le ei-nen Blei-stift und ma-le ei-ne Kar-te."

→ Singen und klatschen Sie viel mit Ihrem Kind.

„Mein Kind mag schon schreiben ..."

Liebe Eltern!

„Schreiben lernst du erst in der Schule!" Kommt Ihnen diese Aussage bekannt vor? Im Gegensatz zu der früher weit verbreiteten Meinung, dass das Schreiben erst in einem Lehrgang in der Schule gelernt werden darf, ist man heute glücklicherweise der Ansicht, dass der frühe Umgang mit Buchstaben für das Erlernen der Schriftsprache sehr förderlich ist und ermutigt Kinder im Vorschulalter sogar zu spontanen Schreibversuchen. Stellen Sie sich einmal vor, Sie möchten sich gerade zu einer Musik bewegen und man verbietet es Ihnen mit dem Hinweis, dass Sie erst in zwei Jahren tanzen dürfen, wenn sie die genaue Tanzchoreographie in der Tanzschule gelernt haben. So verhält es sich mit den spontanen Schreibversuchen der Kinder. Wenn Kinder gerne schreiben möchten, sollte man es einfach zulassen.

Das Wichtigste auf einen Blick
- Spontane Schreibversuche der Kinder zulassen und ihre Schreibmotivation bewahren
- Fehler nicht korrigieren, sondern „fantasievoll" beim Lesen den Sinn erfassen
- Großbuchstaben eignen sich für erste Schreibversuche gut
- Beim Buchstabieren sollte man lautieren („Sss" statt „Ess")
- Kinder am eigenen täglichen Umgang mit Schrift teilhaben lassen

„Gut zu wissen"

Kinder empfinden oft schon sehr früh Freude am Umgang mit Buchstaben. Sie möchten oft schon „wie die Großen" schreiben können. Diese Lernbegierde wurde früher aus Angst davor, dass sich eine fehlerhafte Schreibweise einschleift, oft unterdrückt. Nach zahlreichen wissenschaftlichen Studien hat man heute die Erkenntnis, dass diese ersten Schreibversuche, in denen Kinder Wörter lauttreu wiedergeben (also so schreiben, wie sie hören) das spätere Erlernen der exakten Schreibweise keinesfalls negativ beeinflussen. Es wird vor allem die Freude am Schreiben aufrechterhalten und auch der Leselernprozess wird positiv unterstützt. Deshalb ist es sinnvoll, Kindern dieses **freie und ungezwungene Schreiben zu erlauben und Fehler dabei zuzulassen.** Dies bedeutet natürlich nicht, dass bereits im Kindergarten schon ein Schreiblehrgang durchgeführt werden sollte, dafür ist dann wirklich die Schule der richtige Lernort. Man kann aber Kindern, die großes Interesse am Schreiben zeigen, durchaus eine sogenannte **Anlauttabelle** zur Verfügung stellen. Hier sind die einzelnen Laute jeweils mit einem Bild dargestellt, das mit diesem Anlaut beginnt. Wenn Kinder fragen: „Wie schreibt man das?" empfiehlt es sich anfangs mit **Großbuchstaben** zu schreiben, da diese vom Bewegungsablauf einfacher sind. Wichtig ist es dabei,

den geschriebenen Buchstaben mit dem Laut zu benennen (also z. B. für „S" nicht wie beim Aufsagen des Alphabets „Ess" sagen, sondern „Sss" wie das Summen einer Biene.) Insgesamt ist es für das Erlernen der Schriftsprache wichtig, Kinder an dem eigenen täglichen Umgang mit Schrift teilhaben zu lassen. Es ist deshalb sinnvoll, laut mitzusprechen, wenn man z. B. einen Einkaufszettel schreibt oder einen Brief mit dem Absender versieht. So bekommen Kinder mit, wie bedeutend diese **Kulturtechnik** für unseren Lebensalltag ist.

 Tipps für den Alltag

→ Gehen Sie mit Ihrem Kind auf eine Entdeckungsreise nach Buchstaben und Symbolen zu Hause und in der Umgebung.
→ Wenn Sie Ihrem Kind Buchstaben vorschreiben, eignen sich vor allem Großbuchstaben. Sprechen Sie beim Schreiben den Laut des Buchstabens dazu.
→ Lassen Sie Ihr Kind am alltäglichen Umgang mit Schrift teilhaben, indem Sie erklären, was sie gerade schreiben und dabei mitsprechen.
→ Zeigen Sie Freude und Fantasie beim Lesen der spontanen Schreibversuche Ihres Kindes.

Auf dem Weg zum Lesenlernen

Liebe Eltern,

„Papa, der Brief ist für dich!" Sind Sie auch manchmal erstaunt, was Ihr Kind schon alles herausfindet, obwohl es noch gar nicht lesen kann? Der Prozess des Lesenlernens beginnt schon früher, als wir denken. Die Aussage: „Lesen lernt man in der Schule" ist zwar richtig, jedoch erwerben Kinder schon viel früher wesentliche Fähigkeiten, die sie für den Leseprozess benötigen. Es gibt einige Vorstufen, die auf dem Weg zum Lesen beschritten werden müssen.

Das Wichtigste auf einen Blick

→ Für das Lesen sind die visuelle und auditive Wahrnehmung wesentliche Grundvoraussetzungen
→ Der Leselernprozess beginnt schon weit vor der Schule
→ In der „logographischen Stufe" erkennt das Kind, dass Zeichen eine Bedeutung haben
→ In der „alphabetischen Stufe" werden den Buchstaben schon Laute zugeordnet
→ Für das Zusammenlesen der Buchstaben ist es wichtig, dass die Laute aneinandergehängt werden.
→ Viel Vorlesen und eine lesefreundliche Umgebung beeinflussen das Lesen lernen positiv

„Gut zu wissen"

Von klein auf nimmt ein Lebewesen seine Umwelt über die verschiedenen Sinne wahr. Beim Sehen spricht man von **visueller Wahrnehmung** und das Hören kann man mit **auditiver Wahrnehmung** beschreiben. Für das Lesenlernen sind diese beiden Sinne am wichtigsten, denn es müssen **Schriftzeichen** erkannt werden und die dazugehörigen **Laute** damit verbunden werden. Kinder entdecken schon sehr früh, dass bestimmte Zeichen eine Bedeutung haben. Denken Sie z. B. an das große „M", das es oft an Autobahnraststätten gibt. In der Umwelt begegnen uns viele dieser Symbole und Zeichen. Wenn Kinder dieses Wissen, das Zeichen eine bestimmte Bedeutung haben, anwenden, befinden sie sich in der sogenannten **logographischen Stufe** des Leselernprozesses. Sie entdecken dann, dass Buchstaben eine bestimmte Form haben und dass diese unterschiedlich aneinandergereiht zu verschiedenen Wörtern führen.

Fragen Kinder schon gezielt: „Wie heißt dieser Buchstabe?", befinden sie sich auf dem Weg zur nächsten Stufe, der **alphabetischen Stufe**. Hier empfiehlt es sich, immer den **Laut des Buchstabens zu nennen**, also z. B. „Fff" (wie beim Ausblasen) statt „Eff" (wie beim ABC-Aufsagen). Denn wenn Kinder Leseversuche starten, werden sie zunächst die Einzelbuchstaben entschlüsseln und dann versuchen, sie aneinanderzureihen. Das gelingt aber nur, wenn die Buchstaben lautiert werden. Das Zusammenlesen der Laute, die sogenannten **Synthese** vollzieht sich meist in den ersten Schulmonaten. Da bei der Synthese die Laute solange ausgehalten werden, bis der nächste darangesetzt wird, hört sich das Lesen fast wie ein **„singendes Lesen"** an.

Insgesamt ist es wichtig, dass man Kinder, die schon frühzeitig am Lesen interessiert sind, nicht ausbremst. Man sollte es aber auch bei Kindern, die noch nicht dazu bereit sind, nicht erzwingen. Sehr förderlich wirkt auf jeden Fall eine **lesefreundliche Umgebung und häufiges Vorlesen**, z. B. die tägliche Gute-Nacht-Geschichte.

Zum Schmunzeln ;-)

Anton will einen Brief an Monika schreiben. Kommt seine Mutter ins Zimmer.
„Na, Anton, was tust du denn da?"
„Ich schreibe einen Brief an Monika."
„Aber Anton, du kannst doch noch gar nicht schreiben."
„Macht nichts, Monika kann auch noch nicht lesen."

Tipps für den Alltag

→ Gehen Sie mit Ihrem Kind auf Entdeckungsreise nach Zeichen, Symbolen und Buchstaben, z. B. bei Automarken, an Geschäften, auf Werbetafeln.

→ Lautieren Sie die Buchstaben, wenn Ihr Kind danach fragt, also „Fff" statt „Eff".

→ Schaffen Sie zu Hause eine lesefreundliche Umgebung, lesen Sie z. B. auch mal etwas aus der Zeitung vor.

→ Lesen Sie so oft wie möglich vor. Es wäre schön, wenn Vorlesen ein tägliches Ritual, z. B. beim „Ins-Bett-bringen" ist.

→ Es gibt auch Bücher, in denen manche Namenwörter durch Bilder ersetzt sind, hier kann das Kind schon „mitlesen".

Kleine Künstler

„Mein Kind malt nicht gern!" Diese Aussage von Eltern begegnet uns im Kindergartenalltag und in der Schule immer wieder. Es gibt einfach Kinder, die nicht gerne mit Malstiften arbeiten oder denen auch das Malen mit dem Pinsel keinen Spaß macht. Trotzdem können auch diese Kinder kleine Künstler sein, denn Kunst und Kreativität haben nicht nur mit Malerei zu tun. Oder kennen Sie keine berühmten Kunstwerke, bei denen Pinsel und Farbe gar keine Rolle gespielt haben?

Das Wichtigste auf einen Blick

→ Kunst und Kreativität gehören zusammen. Kreativ sein bedeutet „etwas schöpfen"
→ Für die künstlerische Bildung ist das Selbst-Erfinden und Selbst-Erstellen wichtig
→ Kunstwerke können sehr individuell sein und sollen positiv gewürdigt werden
→ Neben Malerei und Grafik gehören auch Kunsthandwerk und Architektur zur „großen Kunst"
→ Ästhetische Erziehung geht mit der künstlerischen Bildung einher

„Gut zu wissen"

Kunst und Kreativität sind zwei Begriffe, die man nicht voneinander trennen kann, da nur durch kreative Handlungen Kunstwerke entstehen können. Der Begriff Kreativität beinhaltet das lateinische Wort „creare", was **„etwas erfinden, erzeugen, herstellen, neu schöpfen"** bedeutet. In diesem Sinne sollten wir auch die künstlerische Bildung und Erziehung sehen: Unsere Kinder sollen kreativ sein dürfen.

Natürlich sieht ein Fensterbild, das mit Fingerfarben von Kindern alleine gemalt wurde, anders aus, als wenn ein Erwachsener die Umrisse vorgibt und Kinder nur ausmalen dürfen. Auch eine selbst aufgemalte und ausgeschnittene Blume hat vielleicht nicht so schöne Rundungen, wie eine mit Schablone vorgefertigte Ausschneidefigur. Doch gerade in dem **Selbst-Entwerfen** und **Selbst-Erstellen** der Kunstwerke liegt ein sehr großer Wert, da das Kind kreativ sein durfte.

Diese selbstgemachten Produkte sollte man ganz **individuell würdigen** und nicht dem Kind zwischen den Zeilen mitteilen: „Der XY kann aber schon schöner malen als du." Natürlich muss man nicht alles gutheißen, aber negative Kommentare würden beim Kind auf jeden Fall das Gefühl des Nicht-Könnens verstärken. Zeigen Sie also Interesse an den Kunstwerken, lassen Sie Ihr Kind dazu erzählen, stellen Sie keine Vergleiche mit anderen an und **sprechen Sie positiv** über das Werk. „Du hast schöne Farben ausgesucht!" ist für das Kind motivierender als „Ich kann gar nicht erkennen, was das sein soll!"

Neben dem **bildnerischen Gestalten** in Form von Zeichnungen und Malereien gehören zum Bereich der Kunst auch das **Kunsthandwerk** und die **Architektur**. Hierin finden meistens auch Kinder, die nicht gern malen, kreative Gestaltungsmöglichkeiten, sei es als „Architekten in der Bauecke" oder als Konstrukteure von Gerätschaften aus Natur- oder Bastelmaterialien. Auch hier entstehen echte Kunstwerke, die es zu würdigen gilt.

Mit der künstlerischen Bildung geht auch die **ästhetische Erziehung** einher, in der Kinder für die schönen Dinge und Gegenstände der Lebensumwelt sensibel werden sollen.

> **Zum Schmunzeln ;-)**
>
> Fritzchen erzählt seiner Mutter nach der Schule: „Unsere Lehrerin weiß nicht mal, wie ein Pferd aussieht." Fragt die Mutter: „Woher willst du das denn wissen?" „Ich habe ein Pferd gemalt, und sie hat mich gefragt, was das sein soll."

Tipps für den Alltag

→ Würdigen Sie im Kindergarten ausgestellte oder zu Hause produzierte Kunstwerke Ihres Kindes positiv. Jedes Kind ist ein Künstler!

→ Betrachten Sie in Ausstellungen oder Büchern mit Ihrem Kind moderne Kunstwerke, die nicht konkret gemalt sind. Kinder entdecken, dass auch berühmte Künstler „so malen, dass jeder was anderes darin erkennen kann".

→ Stellen Sie Ihrem Kind, wenn es nicht gern mit Stiften malt, auch andere Kunstutensilien zur Verfügung. Fingerfarben oder das Malen mit Acrylfarben auf Leinwand machen manchmal mehr Spaß, da weiße Flächen oft schneller gefüllt sind.

→ Auch Bauen und Basteln sind hochwertige künstlerische Tätigkeiten und es können tolle Kunstwerke entstehen.

Musik in den Ohren

Liebe Eltern,

kennen Sie den ABBA-Song „Thank you for the music"? Wenn Sie ihn kurz ansummen, wird er Sie heute wohl als Ohrwurm nicht mehr verlassen. Das ist genau der unbeschreibliche Reiz, den Musik in unser Leben bringt. Sie ist Teil unserer Erlebniswelt und bringt Freude ins Leben. „Who can live without it?"

Das Wichtigste auf einen Blick
- Musik ist gut für die Sinneswahrnehmungen, sie regt Kreativität und Fantasie an
- Musik bereichert das kulturelle Leben und bringt Freude
- Die Sprachentwicklung wird durch Musik gefördert
- Musikalische Erziehung und Bildung hat positive Auswirkung auf das Lernverhalten und das Selbstkonzept
- In der kindlichen Entwicklung ist der Prozess des Musizierens mit Stimme, Körper oder Instrumenten wichtiger als das perfekte Ergebnis
- Musik-Hören kann die auditive Wahrnehmung und die Aufmerksamkeit fördern

„Gut zu wissen"

Durch Musik werden nicht nur die **Sinneswahrnehmungen** eines Menschen angeregt, sie wirkt auch anregend für die **Kreativität** und **Fantasie**. Man kann Melodien mit verschiedenen Bewegungen verbinden, so dass man auch **eigene Gefühle** oder **eigene Ideen** in Bewegung und Tanz **zum Ausdruck** bringen kann. Deshalb machen wir im Kindergarten immer wieder mit Ihren Kindern Musik, spielen mit einfachen Instrumenten, tanzen und bewegen uns zu Liedern.

Musik ist auch eng mit **Sprache** verbunden. Denn die **Stimme** ist das erste Instrument eines Kindes, mit dem es sich äußert. So probieren Babys von Anfang an ihre Stimme aus.

Aus anfänglichen Lauten, aus Lallen und Summen entwickeln sich beim Kleinkind schon erste richtige Melodien. Und durch Nachahmung der Sprachvorbilder entwickeln sich zunehmend stimmliche Fertigkeiten und sprachliche Fähigkeiten. Musik ist dabei maßgeblich an der **Sprachentwicklung** beteiligt.
In Studien wurde auch nachgewiesen, dass **musikalische Erziehung und Bildung** sich sehr positiv auf das **Lernverhalten** und die Intelligenzleistungen eines Kindes auswirkt. Kinder, die viel und oft mit Musik zu tun haben, entwickeln in der Regel ein **positives Selbstkonzept**.

Zum Schmunzeln ;-)
Im Musikladen: „Ich hätte gern die rote Trompete dort drüben und die weiße Ziehharmonika!" Der Verkäufer stutzt. „Den Feuerlöscher können Sie haben", sagt er dann zögernd, „aber die Heizung bleibt hier."

Auch wenn sicher nicht jedes Kind mit den gleichen musikalischen Talenten ausgestattet ist, sollte man doch allen Kindern die Chance geben, sich musikalisch zu betätigen. Einigen gelingt das mit einer schönen Singstimme, andere können eher ihren Körper beim Klatschen, Patschen oder Stampfen als Rhythmusinstrument einsetzen, wieder andere mögen sich einfach nur gerne zur Musik bewegen. Kein Kind ist komplett unmusikalisch, wenn man nicht ein perfektes Ergebnis oder eine perfekte Aufführung zum Ziel hat. Viel wichtiger und entscheidender ist der **Prozess** des Musik-Machens und Erleben-Dürfens. Und schließlich ist das **Hören** der Musik die beste Schulung der **auditiven Wahrnehmung**. Sie bildet die Basis für das **aufmerksame Zuhören**, das wir in allen Lebenssituationen brauchen.

Tipps für den Alltag

→ Singen Sie von klein auf viel mit Ihrem Kind. Wenn Sie sich nicht sicher im Singen fühlen oder selbst nicht gern singen, helfen Kinderlieder-CDs weiter.

→ Musik-CDs sind gute Geschenkideen für alle Kinder. Egal ob es traditionelle Kinderlieder oder moderne Kinderdisco-Songs sind, alle haben ihren Wert. Vertrauen Sie bei der Auswahl auf den Geschmack Ihres Kindes, der sich in verschiedenen Entwicklungsstufen natürlich auch immer wieder ändert.

→ Lassen Sie Ihr Kind auch häufig Musik hören. Die verschiedensten Stilrichtungen (vom Popsong im Radio bis zur klassischen Musik) zeigen Ihrem Kind die Vielfalt der Musik und wie sie unser Leben kulturell bereichert.

„Computer, Fernseher und Co ..."

Liebe Eltern,

„Fernsehen bildet!" Jetzt wundern Sie sich sicher, dass wir nicht mit dem erhobenen Zeigefinger kommen, wie man ihn von allen Seiten kennt: „Zu viel Fernsehen schadet dem Kind!" Natürlich ist es klar, dass ein „zu viel" für alle Dinge des Lebens nicht förderlich sein kann. Beachten wir doch einfach die Regel des alten Philosophen und Naturforschers Paracelsus, der einmal gesagt hat: „Allein die Dosis macht, dass ein Ding ein Gift ist."

 ### *Das Wichtigste auf einen Blick*
→ Wir leben heute in einer Medienwelt, die uns dauerhaft beeinflusst
→ Es gibt zahlreiche gute und „pädagogisch wertvolle" Sendungen und Computerprogramme, die ihren Beitrag zur Bildung der Kinder leisten
→ Maßvoller Konsum der Medien ist wichtig, da Kinder auch handelnde Erfahrungen zur Erschließung ihrer Lebensumwelt brauchen
→ Kinder sollten altersangemessene Sendungen sehen und Medien insgesamt nicht unkontrolliert benutzen dürfen

 ### *„Gut zu wissen"*

Während früher der Fernseher fast als einziges Medium mit wenigen Kindersendungen am Nachmittag Einfluss in den Familienalltag nahm, ist unsere heutige Kindheit von zahlreichen Medien dauerhaft beeinflusst. Man könnte rund um die Uhr Kinderprogramm im Fernsehen ansehen. Daneben sorgen Computer, Internet, Spielkonsolen, mp3-Player, DVD-Player und was der Markt in Zukunft sonst noch alles entwickeln wird, für eine „Dauerberieselung".
Sicher gibt es sehr lehrreiche und pädagogisch wertvolle Sendungen und Computerspiele. Kinder gewinnen ein ungeheures Sachwissen aus Sendungen, wie „Sendung mit

der Maus", "Willi will's wissen", "Löwenzahn", usw. und bekommen auch Einblick in Prozesse, die ihnen nicht aus erster Hand zugänglich sind. Hier leisten Fernseher und Co. wirklich wertvolle Dienste in der Bildung. Das Internet dient heutzutage als erste Quelle der Informationsgewinnung. Deshalb ist es absolut richtig, dass Kinder Zugang zu diesem Medium haben. Manchmal fällt es uns Erwachsenen auch schwer, bestimmte Themen auf dem Niveau der Kinder zu erklären. Hier leisten Kindernachrichten im Radio, Internet oder Fernsehen gute Hilfestellung.

Zum Schmunzeln ;-)
Ein Zitat des Kabarettisten Dieter Hildebrandt:
„Bildung kommt von Bildschirm und nicht von Buch, sonst hieße es ja Buchung."

Insgesamt ist es wichtig, dass man **Medien in Maßen** konsumiert. Ein „zu viel" an passiver Informationsaufnahme führt zu einer Reizüberflutung und kann Kinder psychisch krank machen. Kinder brauchen auch viel Bewegung, sie müssen sich Dinge der Umwelt auch selbst erobern können und Vorgänge selbst erfahren und „begreifen" dürfen.

Wir sollten auch auf **Altersangemessenheit** der Sendungen achten und dass Kinder **nicht unkontrolliert** Dinge ansehen, die sie in ihrem Alter vielleicht noch gar nicht verarbeiten können. Natürlich ist es gut, wenn Kinder immer gemeinsam mit einem Erwachsenen etwas anschauen, damit man **über die Inhalte miteinander sprechen** kann. Doch ist es auch klar, dass man manchmal froh ist, wenn man in dieser Zeit in Ruhe eine andere Arbeit erledigen kann. Solange Fernseher, Computer und Co. nicht als „Dauerparkplatz für Kinder" genutzt werden, sollte der vernünftige, maßvolle und gesunde Umgang mit Medien sogar förderlich wirken.

 ### Tipps für den Alltag

→ Lassen Sie Ihr Kind nur Sendungen anschauen, die Sie kennen und die für das Alter des Kindes angemessen sind.
→ Sprechen Sie mit Ihrem Kind über die Inhalte, die gesehen wurden.
→ Verbote wecken oft noch mehr Lust! Suchen Sie mit Ihrem Kind gemeinsam Alternativen und vereinbaren Sie Regeln über die Dauer des Medienkonsums.

„Mein Kind macht vieles mit links ..."

Liebe Eltern,

vielleicht haben Sie schon beobachtet, dass Ihr Kind viele Aktivitäten mit der linken Hand ausführt. Vielleicht kennen Sie auch jemanden, der früher „umerzogen" wurde und sind sich nicht ganz sicher, wie Sie mit der eventuellen Linkshändigkeit Ihres Kinder umgehen sollen, da manche Aktivitäten unseres Lebens, z. B. das Schreiben, Rechtshändern leichter fallen. Auf jeden Fall sollte man nach aktuellem Wissensstand Linkshänder keinesfalls umschulen. Auch wir können Ihr Kind gern gezielt zum Thema Rechts- oder Linkshändigkeit beobachten, falls Ihnen etwas auffallend erscheint.

Das Wichtigste auf einen Blick
→ Die Dominanz einer Hand entwickelt sich in den ersten Lebensjahren
→ Für die Händigkeit ist mit hoher Wahrscheinlichkeit die jeweils gegenüberliegende Gehirnhälfte verantwortlich
→ Linkshänder sollten keinesfalls umgeschult werden, da es zu Problemen bei der Koordination der beiden Hirnhälften kommen könnte
→ Für Linkshänder gibt es entsprechendes Arbeitsmaterial

„Gut zu wissen"

Die **Dominanz** einer Hand prägt sich meist schon in den ersten Lebensjahren aus und ist in der Regel bei der Einschulung abgeschlossen. Wenn Sie das Kind beim Spielen, Malen oder Essen beobachten, fällt es meist schon auf, dass es eine Hand lieber nimmt, um nach Gegenständen zu greifen und etwas damit zu tun.

Diese **Präferenz** für eine Hand hängt mit großer Wahrscheinlichkeit mit der Dominanz der gegenüberliegenden Gehirnhälfte zusammen. Würde man also einen Linkshänder umschulen, müssten sich sozusagen auch die beiden Gehirnhälften „umprogrammieren",

was z. B. zu Problemen im Lesen und Rechtschreiben führen könnte. Deshalb sollte eine vorliegende **Linkshändigkeit** unbedingt **beibehalten** werden.
Es gibt zahlreiche **Hilfsmittel und Arbeitstechniken**, die Linkshändern das Arbeiten und Schreiben erleichtern. Linkshänder sollten mit entsprechenden Materialien, wie Linkshänderschere oder Linkshänderspitzer ausgestattet sein.
Für das spätere Schreiben in der Schule gibt es auch spezielle **Linkshänder-Schreibgeräte**. Auch Schreiblernhefte, in denen Buchstaben vorgeschrieben sind, gibt es in speziellen Ausführungen für Linkshänder mit einem weiteren Buchstaben am Ende der Zeile. Das Schreiben mit der linken Hand wird auch durch die **Lage des Blattes** erleichtert. So sollte das Arbeitsblatt bzw. Heft im Uhrzeigersinn nach rechts gedreht werden, so dass die linke Schreibhand unterhalb der Schreiblinie liegt, damit die Buchstaben nicht durch die Hand verwischt werden.
Insgesamt gibt es heutzutage zahlreiche Möglichkeiten, dem linkshändigen Kind die schulischen Tätigkeiten zu erleichtern, so dass es kaum zu Problemen wegen der Linkshändigkeit kommt. Geben Sie diese gegebenenfalls bei der Schuleinschreibung bzw. beim ersten Gespräch mit der Lehrkraft an, damit auch bei der **Sitzordnung** darauf geachtet werden kann.

> Zum Schmunzeln ;-)
> Treffen sich zwei Schüler. Sagt der eine zum anderen: „Hast du schon etwas von der neuen Rechtschreibung gehört?" Sagt der andere: „Nein, ich bin Linkshänder!"

Tipps für den Alltag

→ Beobachten Sie im Alltag, welche Hand Ihr Kind bevorzugt einsetzt, mit welcher Hand es z. B. den Malstift hält oder zum Löffel greift.
→ Lassen Sie zu, wenn Ihr Kind die linke Hand nimmt, schulen Sie auf keinen Fall um.
→ Wenn Ihr Kind linkshändig ist, besorgen Sie entsprechendes Arbeitsmaterial für Linkshänder, insbesondere eine Linkshänderschere.
→ Beim Schreiben dreht man das Blatt etwas im Uhrzeigersinn, so dass die Schreibhand des Kindes unterhalb der Schreibzeile liegt. Eine Markierung auf dem Schreibtisch erleichtert das richtige Hinlegen des Blattes oder Heftes.
→ Informieren Sie schon bei der Schuleinschreibung über die Linkshändigkeit.

Übergänge bewältigen

erinnern Sie sich noch an Ihren eigenen ersten Schultag? Oder denken Sie manchmal an den ersten Kindergartentag Ihres Kindes?

In unserem ganzen Leben gibt es immer wieder Situationen, in denen Übergänge bewältigt werden müssen. Sei es der erste Schritt vom Familienleben in eine Kindertagesstätte, der Übergang vom Kindergarten in die Grundschule, die erste Teilnahme an einem Zeltlager, der Besuch der weiterführenden Schule, das Verlassen des Elternhauses zur Berufsausbildung, ein Umzug oder das Zusammenziehen mit einem Lebenspartner. Unser ganzes Leben ist voller Übergänge ...

Das Wichtigste auf einen Blick
- Im Leben gibt es durch Veränderungen immer wieder Übergänge, die Lernprozesse brauchen und gleichzeitig beinhalten
- Die Anpassungsfähigkeit an neue Situationen wird auch als Resilienz bezeichnet
- Übergänge gelingen leichter, wenn das Ereignis gewünscht ist, man gut informiert und vorbereitet ist
- Selbstwertgefühl, Selbstbewusstsein, Mut und Zutrauen sind wichtige Faktoren

„Gut zu wissen"

Übergänge im Leben sind nicht immer einfach zu bewältigen, da man sich auf die neue Situation erst einstellen muss. Meistens wird versucht, gerade für Kinder Übergänge sanft zu gestalten. Doch es ist auch durchaus normal, dass Übergänge sich auch schwieriger gestalten können, da es manchmal zu einer kompletten Umstellung mancher Lebensgewohnheiten kommt. Denken Sie z. B. an andere Anfangszeiten der Schule und den damit verbundenen Schlafrhythmus des Kindes.

Übergänge bedeuten also immer **Veränderungen im Leben**, die sowohl Lernprozesse brauchen und sie gleichzeitig auch beinhalten. Die Fähigkeit, sich auf neue Situationen ohne große Probleme einstellen zu können, wird in der Fachsprache als **Resilienz** bezeichnet, was in etwa mit **Anpassungsfähigkeit** beschrieben werden kann.
Was erleichtert nun die Bewältigung von Übergängen? Zunächst ist es wichtig, dass das **Ereignis vom Beteiligten gewünscht** wird und er darüber **gut informiert** ist. Ein Kind tut sich also leichter, wenn es gerne in die Schule gehen möchte und schon einiges darüber weiß. Deshalb ist es wichtig, dass man positiv und mit konkreten Beispielen z. B. aus dem Leben und Lernen in der Schule berichtet.

Zum Schmunzeln ;-)

Bei der Schuleinschreibung fragt die Lehrerin Markus: „Wann hast du Geburtstag?" Seine Mutter antwortet: „Am 25. Mai 2005". Dann fragt sie ihn: „Weißt du, wo du wohnst?" Darauf die Mutter: „In der Kastanienallee 18". Die Lehrerin blickt die Mutter streng an und fragt Markus: „Weißt du das nicht selbst?" Darauf Markus: „Doch, aber ich möchte meiner Mutter nicht ins Wort fallen, das ist unhöflich."

Natürlich ist es auch von Vorteil, wenn man auf die neue Institution gut vorbereitet ist und verständnisvolle Begleitung durch sein Umfeld erfährt. Es hebt das **Selbstwertgefühl**, wenn Kinder die Erfahrung machen: „Ich kann schon etwas, was ich in der Schule brauche!" (z. B. meinen Namen schreiben, bis 20 zählen, gut ausschneiden o.ä.). Dieses Bewusstsein über das eigene Können („Ich schaffe das!") wird verstärkt, wenn wir Erwachsene dem Kind auch etwas **Zutrauen** und ihm vertrauensvoll Aufgaben geben.
Schließlich ist auch die Erfahrung wichtig, dass das ganze Leben Veränderung bedeutet und dass man **Mut und Selbstvertrauen** für die immer neuen Situationen braucht. Und das gilt nicht nur für unsere Kinder, sondern auch für uns Erwachsene.

Tipps für den Alltag

→ Sprechen Sie mit Ihrem Kind positiv über die Schule und entwickeln Sie mit ihm gemeinsam eine Vorfreude auf die schönen Dinge, die man in der Schule lernen darf.
→ Vermeiden Sie Aussagen, wie „Da beginnt der Ernst des Lebens" oder „Warte nur ab, bis du in die Schule kommst". Sie können unnötige Angst erzeugen.
→ Erzählen Sie dem Kind auch von eigenen, gelungenen Übergängen in Ihrem Leben.
→ Geben Sie Ihrem Kind Aufgaben, nach deren Bewältigung es stolz sein kann, z. B. die Eier beim Kuchenbacken zählen, selbst Getränke einfüllen, eine Telefonnummer aufschreiben, dem Nachbarn etwas bringen, o.ä.
→ Loben Sie Ihr Kind, wenn es eine Aufgabe gut geschafft hat.
→ Gönnen Sie Ihrem Kind weitere Versuche, wenn mal etwas schief gegangen ist und ermutigen Sie es: „Beim nächsten Mal schaffst du das!"

„Vielen Dank für die gute Zusammenarbeit" – Ein Schlusswort zum Schmunzeln ;-)

Erna Superschlau, M.A. *(Mutter von Annemarie, Anmerkung der Redaktion)*
Oberer Aufsichtsweg 7
0815 Tratschhausen-Nord

An den Kindergarten „Sindschontoll"
Leiterin Frau Habsdrauf
Auf der Sonnenseite 10
0815 Tratschhausen-Süd

Sehr geehrte Frau Habsdrauf,

vielen herzlichen Dank für Ihre wunderbaren, informativen und mit viel pädagogischem Herzblut formulierten Elternbriefe, die wir gekriegt haben.

Ich habe sie jedes Mal gleich meinem Mann vorgelesen. Endlich hat auch er kapiert, was das ganze Zeug von der phonologischen Bewusstmachung bedeutet. Er hat gesagt, dass uns die Schule jetzt mal gern haben kann. Von wegen, da beginnt der „Ernst des Lebens!" Wir wissen jetzt schließlich Bescheid, dass unsere Kleine schon mittendrin ist, ich meine sie hat ja schon die Hälfte von ihrer Kindergartenzeit rum.

Besonders wertvoll waren für uns die praktischen Hinweise in jedem Brief, vor allem die wo „zum Schmunzeln" darüberstand. Da haben wir immer stundenlang über die Wichtigkeit und die Bedeutung diskutiert. So viel hat mein Mann noch nie mit mir gesprochen.

Bitte machen Sie so weiter. Wir sind sehr zufrieden mit Ihnen. So wird aus unserem Kind sicher was werden! Und auch wir haben gemerkt, dass wir noch viel von Ihnen lernen können. Hoffentlich geht das dann in der Schule auch so weiter! Können Sie das vielleicht auch mal dem Rektor sagen. Sie sehen ihn doch jedes Jahr einmal bei der Schuleinschreibung, oder? Das wäre sehr nett.

Mit freundlichen Grüßen
Ihre Erna Superschlau

P.S. Noch ein Zitat aus meiner TV-Fortbildung: „Non scolae , sed kitae discimus" – „Nicht in der Schule, sondern in der Kita spielt die Discomusik."

Literaturverzeichnis

Fell, Helga, Die Schulfähigkeit im Alltag fördern – ein Praxishandbuch für Lehrkräfte, Erzieherinnen und Eltern, 1. Auflage, Augsburg, Brigg Pädagogik Verlag, 2012

Ebbert, Birgit, Schulfähigkeit fördern – Lernauffälligkeiten erkennen, Basiskompetenzen stärken, 1. Auflage, München, Don Bosco Verlag, 2010

Blakemore, Sarah-Jayne/ Frith, Uta, Wie wir lernen, Was die Hirnforschung darüber weiß, 1. Auflage, München, Deutsche Verlags-Anstalt, 2006

Textor, Martin R., Ihr Kind auf dem Weg zum Schulkind. So fördern Sie die Entwicklung während der Kindergartenzeit und nach der Einschulung. In: Fthenakis, W.E./Textor, M.R.(Hrsg.): Online-Familienhandbuch, www.familienhandbuch.de/cms/Schule/Schule_Schulkind.pdf (08.07.2008)

Textor, Martin R., Gesundheitserziehung. In: Textor, M.R. (Hrsg.) Kindergarten-Pädagogik- Onlinehandbuch, www.kindergartenpaedagogik.de/945.html

Kammermeyer, Gisela, Schulfähigkeit. In: Faust-Siehl, G./Speck-Hamdan, A. (Hrsg.): Schulanfang ohne Umwege, Frankfurt a. Main, Arbeitskreis Grundschule e.V., 2001, S.96-118

Barth, Karlheinz, Lernschwächen früh erkennen im Vorschul- und Grundschulalter, München, Ernst Reinhardt Verlag, 2006

Nickel, H. Einschulung. In: Perleth, C./Ziegler,A. (Hrsg.): Pädagogische Psychologie. Grundlagen und Anwendungsfelder, Bern, Huber-Verlag, 1999, S.149-159

Bandura, A. Lernen am Modell. Ansätze zu einer sozial-kognitiven Lerntheorie. Stuttgart, Klett-Verlag, 1976

Grimm, Hannelore/ Weinert, Sabine, Sprachentwicklung. In: Oerter, R./ Montada, L. (Hrsg.) Entwicklungspsychologie, 5. Auflage, Weinheim, Basel, Berlin, Beltz Verlag, 2002

Tenta, Heike, Schrift- und Zeichenforscher - Was Kinder wissen wollen, 1. Auflage, München, Don Bosco Verlag, 2002

Elschenbroich, Donata, Weltwissen der Siebenjährigen – Wie Kinder die Welt entdecken können, München, Verlag Antja Kunstmann GmbH, 2001

Dolenc, Ruth/ Gasteiger, Hedwig/ Kraft, Gerti/ Loibl, Gabriele: Zahlenzauberei – Mathematik für Kindergarten und Grundschule, 1. Auflage, München, Düsseldorf, Stuttgart, Oldenbourg Schulbuchverlag GmbH, 2005

Bayerisches Staatsministerium für Unterricht und Kultus (STMUK), Lehrplan für die bayerische Grundschule, München, Verlag J. Maiß GmbH, 2002

STMAS, IFP, Der Bayerische Bildungs- und Erziehungsplan für Kinder in Tageseinrichtungen bis zur Einschulung, 1. Auflage, Weinheim, Basel, Beltz Verlag, 2006

Lück, Gisela, Leichte Experimente für Eltern und Kinder, 8. Auflage, Freiburg im Breisgau, Verlag Herder, 2000

Burtscher, Irmgard Maria, Natur- und Himmelsforscher – Was Kinder wissen wollen, 1. Auflage, München, Don Bosco Verlag, 2003

Hammes-Di Bernardo, Eva, Speck-Hamdan, Angelika, Vom Kindergarten in die Grundschule: den Übergang gemeinsam gestalten, Köln, Kronach, Wolters-Kluwer-Verlag, 2008

Becker-Textor, Ingeborg (Hrsg.), Das Montessori-Elternbuch, 3. Auflage, Freiburg im Breisgau, Verlag Herder, 2004

Juul, Jesper, Das kompetente Kind, 8. Auflage, Reinbek bei Hamburg, Rowohlt Verlag GmbH, 2007

Juul, Jesper, Die kompetente Familie, 5. Auflage, München, Kösel-Verlag, 2009

Niesel, Renate, Auch die Eltern kommen in die Schule, PPT-Vortrag zu „Übergang als Chance" – Kampagne zur Intensivierung der Kooperation von Kindertageseinrichtung und Grundschule 2006-2008, München, IFP, 2006

Bäck, G., Hajszan, M., Bayer-Chisté, N.: Praktisch didaktisch Grundlagen der Kindergartendidaktik, 1. Auflage, Wien, G&G Verlag, 2008

STMUK, STMAS, IFP, ISB, Bayerische Leitlinien für die Bildung und Erziehung von Kindern bis zum Ende der Grundschulzeit, Entwurfsfassung, München, IFP, 2011

ISB, Schwierigkeiten beim Erlernen des Lesens und Rechtschreibens – Handreichung zur Prävention, Diagnose und Förderung, München, ISB, 2003

Akademie für Lehrerfortbildung und Personalführungen Dillingen, Leserechtschreibschwierigkeiten, 1. Auflage, Donauwörth, Auer Verlag, 2000

Küspert, Petra, Wie Kinder leicht lesen und schreiben lernen, 1. Auflage, Ratingen, Oberstebrink, 2001